#홈스쿨링
#혼자공부하기

똑똑한
하루
겨울

Chunjae
Makes
Chunjae

▼

똑똑한 하루 겨울 1-2

기획총괄	서춘원
편집개발	유선희, 송민상
디자인총괄	김희정
표지디자인	윤순미, 박민정
내지디자인	박희춘, 박종선
제작	황성진, 조규영
사진제공	게티이미지뱅크, 국립중앙박물관, 국회, 문화재청, 셔터스톡, 픽사베이

발행일	2022년 7월 1일 초판 2022년 7월 1일 1쇄
발행인	(주)천재교육
주소	서울시 금천구 가산로9길 54
신고번호	제2001-000018호
고객센터	1577-0902

똑똑한 하루
봄/여름/가을/겨울로
무엇을 배울까요?

초등학교 1~2학년의 바른 생활, 슬기로운 생활, 즐거운 생활
교과 내용을 배울 수 있어요.

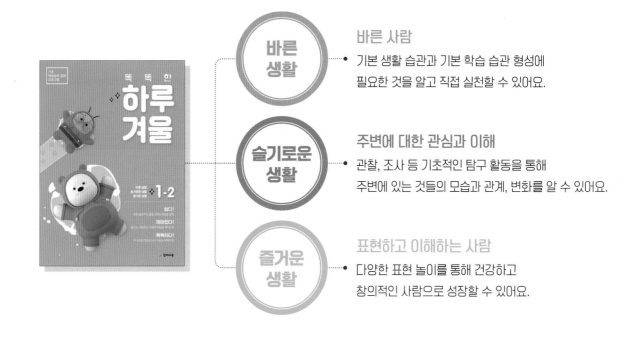

바른 생활

바른 사람
- 기본 생활 습관과 기본 학습 습관 형성에
  필요한 것을 알고 직접 실천할 수 있어요.

슬기로운 생활

주변에 대한 관심과 이해
- 관찰, 조사 등 기초적인 탐구 활동을 통해
  주변에 있는 것들의 모습과 관계, 변화를 알 수 있어요.

즐거운 생활

표현하고 이해하는 사람
- 다양한 표현 놀이를 통해 건강하고
  창의적인 사람으로 성장할 수 있어요.

좋아요

공부한 후 활동 꾸러미 맨 뒤에 있는 스케줄표 붙임 딱지를 붙여 주세요.

똑똑한
하루
겨울 1-2
스케줄표

1주

계획대로만 하면 금방 끝날 거야.

틀린 문제는 다시 한 번 살펴볼까?

3주

똑똑한 하루
봄/여름/가을/겨울은
어떻게 공부할까요?

1~2학년 총 8권

똑똑한 하루 봄(1~2학년)

똑똑한 하루 여름(1~2학년)

똑똑한 하루 가을(1~2학년)

똑똑한 하루 겨울(1~2학년)

● 매일 10분 학습으로 핵심 개념을 쉽고 빠르게 익혀요.

● 만화로 개념을 익히고, **활동 문제**를 풀면서 확인해요.

● 누구나 100점 TEST로 실력을 확인해요.

● 창의·융합·코딩 문제로 사고력과 이해력을 키워요.

● 다양한 평가 문제를 풀며 학습을 마무리해요.

● 붙임딱지 붙이기, 만들기, 그리기(색칠하기) 등 다양한 활동을 해요.

똑 똑 한

하루
겨울

바른 생활
슬기로운 생활   **1-2**
즐거운 생활

구성과 특징

주별 학습

한 주 미리보기

만화를 읽고 붙임딱지 활동을 하며, 한 주 동안 공부할 내용을 미리 살펴봐요.

일일 학습

재미있는 만화와 활동 문제로 개념을 익혀요.

특강

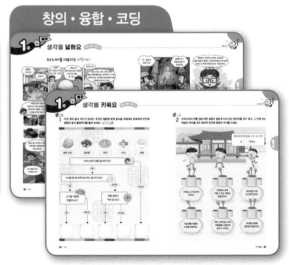

한 주 동안 공부한 내용을 확인해요.

창의·융합·코딩 문제로 사고력을 키워요.

마무리 학습

공부한 내용을 정리해요

신경향·신유형·서술형

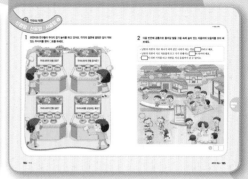

기초 종합 정리 문제

학력 진단 TEST

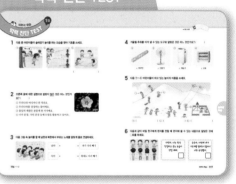

활동 꾸러미

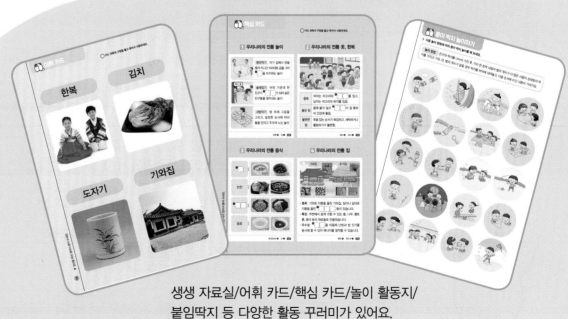

생생 자료실/어휘 카드/핵심 카드/놀이 활동지/
붙임딱지 등 다양한 활동 꾸러미가 있어요.

공부할 내용

마무리 학습

1주에는 무엇을 공부할까? ①

은하계 넘어 짜짜별 로니 왕자는 짜파왕과 함께 지구 견학을 다녀온 적이 있었다.

> 이곳이 지구에 있는 대한민국이라는 곳이란다.

> 아바마마! 정말 아름다운 곳이로군요.

지구 견학 중 전 세계에 불어닥친 한류 열풍에 큰 감동을 받은 로니 왕자.

> 이것이 말로만 듣던 한류……. 너무 감동적이다.

> 누나~ 사랑해요!

그 후, 로니 왕자는 대한민국 전문가가 되기 위해 열심히 공부하기 시작했다.

> 대한민국의 전통 옷은 한복이고, 전통 음식에는 김치, 비빔밥, 잡채 등이 있다. 또,

> 전통 집으로는 초가집과 기와집이 있으며, 이 집들은 주로 주변에서 쉽게 구할 수 있는 재료들로 만들어졌다.

> 하하하, 드디어 내가 대한민국 전문가가 됐다!

> 와~ 만세!

| 초가집 | 기와집 |

> 로니 왕자님, 짜파왕께서 찾으십니다.

> 아바마마께서 나를?

> 네?

> 대한민국에 살고 있는 일자무식인 아이에게 특별 과외를 해 주고 오라구요? 아니, 왜요?

> 먼저 화면을 보거라.

1일 우리나라의 전통 놀이 ～ 우리나라의 전통 옷

2일 남생이 놀이하며 노래 부르기 ～ 우리나라의 전통 음식

3일 우리나라의 전통 그릇 ～ 우리나라의 전통 집

4일 우리나라의 전통 문양 ～ 우리나라 국기, 태극기

5일 우리나라 노래, 애국가 ～ 우리나라 꽃, 무궁화

1주

⭐ 우리나라 전통문화 체험장에 어울리는 붙임딱지를 붙여 보세요. 붙임딱지 1

비어 있는 부분에 알맞은 붙임딱지를 붙이고, 다른 붙임딱지들도 자유롭게 붙이면서 우리나라 전통문화 체험장을 꾸며 보도록 해요.

도자기 만들기

★붙임딱지

★붙임딱지

떡 만들기

맷돌 돌리기

우리나라의 전통 놀이

 개념 콕!

전통 놀이의 종류 알아보기

땅따먹기	땅 위에 큰 원이나 사각형 모양을 그려 놓고, 그 안에 그린 자기 집에서 망(돌)을 튕겨 지나간 자리대로 금을 그어서 땅을 차지하는 놀이
술래잡기	여러 사람이 가위바위보를 하여 진 사람을 술래로 정하고, 술래가 숨어 있는 다른 친구들을 찾아내는 놀이
사방치기	땅 위에 그림을 그리고, 일정한 순서에 따라 돌을 던지고 주우며 노는 놀이

1 다음에서 설명하는 놀이에 ○표를 하세요.

땅 위에 큰 원이나 사각형을 그린 후, 그 안에 그린 자기 집에서 망(돌)을 튕겨 지나간 자리만큼 땅을 차지하는 놀이예요.

땅따먹기

비사치기

2 술래잡기 놀이를 하는 모습을 보고, 술래 역할을 한 친구의 이름을 쓰세요.

(   )

3 다음 어린이들이 하는 놀이에 대한 설명으로 알맞은 것에 모두 ○표를 하세요.

1 사방치기를 하고 있어요.

2 돌이나 발이 선에 닿으면 이겨요.

3 1번 칸에 돌을 던진 후 8번까지 갔다가 돌아오는 길에 자신의 돌을 주워요.

우리나라의 전통 옷

 개념 콕!

한복에 대해 알아보기

뜻
우리나라의 고유한 옷으로,
우리나라를 대표하는 옷

좋은 점
몸에 붙지 않고 바람이
잘 통하여 건강에 좋음.

한복

종류
여자는 저고리와 치마를 입고,
남자는 저고리와 바지를 입음.

불편한 점
옷을 입는 순서가 복잡하고,
세탁 및 활동하기가 불편함.

1 다음에서 우리나라를 대표하는 한복을 입고 있는 사람들에 ○표를 하세요.

2 색종이로 한복을 접은 모습을 보고, 한복의 종류를 알맞게 줄로 연결하세요.

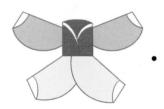

• 남자 한복

• 여자 한복

3 한복에 대한 설명으로 알맞은 것에 모두 ○표를 하세요.

옷을 입는
순서가
간편해요.

몸에
붙지 않고
바람이 잘
통해요.

직선과
곡선이 조화를
이루어 선이
아름다워요.

남생이 놀이하며 노래 부르기

 개념 콕!

'남생아 놀아라' 노래 알아보기

전래 동요

남		생		아	놀	아		라	

촐		래	촐	래	가	잘	논		다

소고뿐만 아니라 손뼉, 윷가락, 징 등의 악기로도 박을 치며 노래 부를 수 있어요.

남생이 냇가나 연못 등의 민물에 사는 거북이로, 등딱지가 진한 갈색입니다.

촐래촐래 경망스럽고 까불거리며 행동 하는 모양을 흉내 낸 말입니다.

+ 정답 1쪽

1 소고로 박을 치며 '남생아 놀아라' 노래를 부를 때 소고를 쳐야 할 부분으로 알맞은 곳에 붙임딱지를 붙여 보세요. 붙임딱지 ①

남			생	아	놀	아		라	

촐		래	촐	래	가	잘	논		다	

2 위 노랫말에 나오는 남생이의 모습으로 알맞은 것에 ○표를 하세요.

3 친구들이 '남생아 놀아라' 노랫말을 바꾸어 남생이 놀이를 하고 있어요. 원 안에 들어가 있는 친구들의 모습을 보고 빈칸에 알맞은 말을 쓰세요.

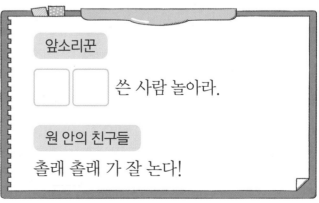

앞소리꾼

☐ ☐ 쓴 사람 놀아라.

원 안의 친구들

촐래 촐래 가 잘 논다!

우리나라의 전통 음식

얘들아, 너희에게 보여 줄 게 있어!

어떤 거?

탁 탁

짠~ 우리의 전통 음식을 소개하는 책을 만들었어. 어때?

우리의 전통 음식

와, 잘 만들었다!

전통 음식에 대해 소개해 줄 수 있니?

그럼~ 우리나라는 생일날에 미역국, 백설기, 수수팥떡 등을 먹어.

그리고 설날에는 떡국, 추석에는 송편 등의 음식을 만들어 먹지.

◀떡국▶

가래떡을 얇게 썰어 끓여 먹는 음식으로, 주로 설날에 만들어 먹는다.

◀송편▶

반달 모양으로 빚어 푸른 솔잎을 깔고 쪄 먹는 떡으로, 주로 추석에 만들어 먹는다.

음식 그림을 계속 보니까 배고프다.

꼬르륵

나도. 전통 음식 중 하나를 먹어 볼까?

그럼 밥에 나물, 고기, 달걀, 고추장을 넣고 비빔밥을 해 먹는 건 어때?

좋지!

얼른 가자!

개념 콕!

우리나라의 전통 음식을 무리 지어 보기

국	반찬	떡	과자	음료
된장국	배추김치	절편	약과	식혜
미역국	갈비찜	인절미	다식	수정과

1 다음은 우리나라의 전통 음식을 소개하는 글이에요. 빈칸에 알맞은 음식의 이름을 쓰세요.

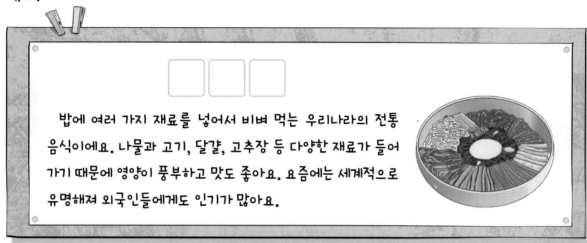

밥에 여러 가지 재료를 넣어서 비벼 먹는 우리나라의 전통 음식이에요. 나물과 고기, 달걀, 고추장 등 다양한 재료가 들어가기 때문에 영양이 풍부하고 맛도 좋아요. 요즘에는 세계적으로 유명해져 외국인들에게도 인기가 많아요.

2 우리나라의 전통 음식들을 종류에 따라 나누어 붙임딱지를 붙여 보세요. 붙임딱지 ❶

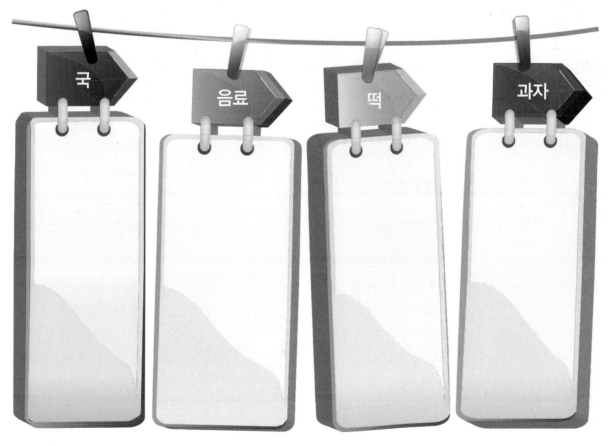

국 음료 떡 과자

우리나라의 전통 그릇

너희들 뭐 하니?

지점토로 그릇 만들고 있어.

그릇? 어떻게 만드는데?

먼저, 지점토로 둥근 밑판을 만들어.

그리고 공처럼 만든 지점토를 손바닥으로 굴려 뱀처럼 길게 늘여.

진짜 뱀처럼 길게 늘어났네!

주물

주물

주물

길게 늘인 지점토를 밑판에 말아 올리며 다듬고,

색점토로 무늬를 만들어 붙이면 그릇 완성!

어머, 예쁘다!

흥, 내가 만든 그릇이 더 예뻐!

어때? 로니 왕자 꺼보다 더 예쁘지?

왠지 더러워……

짜잔!

개념 콕!

우리나라의 도자기 살펴보기

백자 청화초화문 필통

- 원통 모양으로, 난초 무늬가 그려져 있는 흰색 도자기입니다.
- 종이를 담아 두는 통 중에 형태나 문양 등이 빼어난 작품입니다.

청자 상감당초문 완

- 덩굴무늬와 국화꽃무늬가 새겨진 푸른색 도자기입니다.
- 연대를 알 수 있는 상감청자 중에서 가장 오래된 것입니다.

1 우리 조상들이 사용했던 그릇의 특징을 알맞게 줄로 연결하세요.

백자 청화초화문 필통

· 연대를 알 수 있는 상감청자 중에서 가장 오래된 것이에요.

청자 상감당초문 완

· 종이를 담아 두는 통 중에 형태나 문양 등이 매우 빼어난 작품이에요.

2 다음과 같은 방법으로 그릇을 만들 때 완성된 그릇의 모습으로 알맞은 것에 ○표를 하세요.

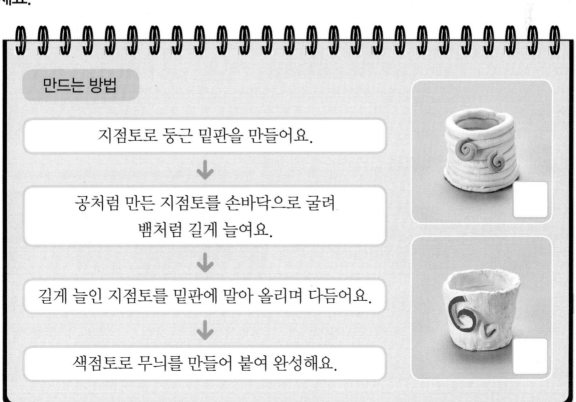

만드는 방법

지점토로 둥근 밑판을 만들어요.

↓

공처럼 만든 지점토를 손바닥으로 굴려 뱀처럼 길게 늘여요.

↓

길게 늘인 지점토를 밑판에 말아 올리며 다듬어요.

↓

색점토로 무늬를 만들어 붙여 완성해요.

우리나라의 전통 집

우리나라의 전통 집에 대해 알아보기 위해 민속촌으로 간다고?

응.

와~ 신기하다.

민속촌 도착!

벌써? 빨리 민속촌 구경하고 싶다!

이곳은 기와로 지붕을 덮은 기와집이야.

정말 멋있어!

이곳은 짚이나 갈대로 지붕을 덮은 초가집이지.

우리나라의 전통 집은 주변에서 쉽게 구할 수 있는 돌, 나무, 흙, 종이 등의 재료를 이용해 만들었구나.

우리 조상들이 살던 집은 내가 사는 아파트와 다르게 마당이 있고, 화장실이 밖에 있네.

그런데 찬혁이는 어디 갔지?

종이로 만든 거면 구멍도 뚫리는 건가?

안 돼!

개념 콕!

우리 조상들이 살던 집의 우수성 알아보기

처마, 마루 여름철을 시원하게 지내게 해 줍니다.

온돌 난방과 밥 짓기를 동시에 할 수 있습니다.

황토벽 습도 조절이 쉽고, 자연적으로 환기가 됩니다.

창호지 문 공기와 햇빛이 통과되어 건강에 좋습니다.

1 우리 조상들이 살던 집의 종류에 알맞게 붙임딱지를 붙여 보세요. 붙임딱지 ①

초가집

기와집

2 우리 조상들이 살던 집의 재료로 알맞은 것에 모두 ○표를 하세요.

돌 유리 종이 철근 시멘트 나무

3 다음 세 고개 놀이 질문의 답은 무엇인지 쓰세요.

나는 무엇일까요

 우리나라의 전통 난방 방식이에요.

 난방과 밥 짓기를 동시에 할 수 있어요.

 습기가 차지 않고 방바닥을 고루 데워 줘요.

부뚜막 구들장 굴뚝
아궁이 부넘기

(   )

우리나라의 전통 문양

첫, 그냥 손만 대 보려고 한 거였다고.

시끄러!

로니 왕자, 한옥에 전통 문양이 새겨져 있어!

예쁘지?

우리 주변에서도 전통 문양을 사용한 물건들을 볼 수 있어.

우리 주변에서?

다식이나 떡에는 전통 문양이 찍혀 있어 더욱 먹음직스럽게 보여.

오~ 맞아! 전통 문양을 볼 수 있는 물건에는 또 뭐가 있을까?

짜잔! 노리개와 복주머니에서도 전통 문양을 볼 수 있지!

와~ 그러네.

그런데 그 노리개와 복주머니 어디서 가져왔어?

저기 엄청 많이 있어. 무료로 나눠 주는 거 아냐?

판매하고 있는 물건을 함부로 가지고 나오면 안 돼.

기념품 판매점

문양을 색칠하여 장식품(족자) 만들어 보기

문양 색칠하기

⬇

문양을 오려 색도화지에 붙이기

⬇

색도화지 위아래에 수수깡 붙이기

⬇

수수깡에 실을 매어 전시하기

전통 문양에서 주로 볼 수 있는 오방 정색(빨강, 파랑, 노랑, 하양, 검정)을 이용해 색칠해 보아요.

1 우리나라의 전통 문양에서 주로 볼 수 있는 다음의 다섯 가지 색깔을 무엇이라고 하는지 쓰세요.

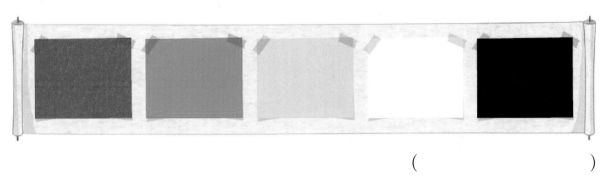

(   )

2 다음 그림에서 전통 문양을 사용한 물건 세 가지를 찾아 ○표를 하세요.

3 문양을 색칠하여 장식품을 만드는 순서에 맞게 차례대로 숫자를 쓰세요.

문양 색칠하기

수수깡에 실을 매어
전시하기

문양을 오려
색도화지에 붙이기

색도화지 위아래에
수수깡 붙이기

우리나라 국기, 태극기

태극기의 명칭과 의미 알아보기

흰색 바탕	밝음과 순수, 평화를 사랑하는 우리의 민족성을 나타냄.
태극	음(파랑)과 양(빨강)의 조화를 상징함.
4괘	건은 하늘, 곤은 땅, 감은 물, 이는 불을 나타냄.

✛ 정답 2쪽

1 태극기의 가운데에 있는 태극 문양과 네 모서리에 있는 4괘를 알맞게 색칠하세요.

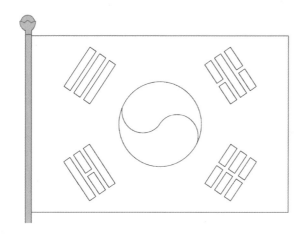

> 태극기는 흰색 바탕에 가운데 태극 문양이 있고 네 모서리의 건곤감리 4괘로 이루어져 있어요.

2 다음 중 태극기에 대해 바르게 이야기한 어린이에 ◯표를 하세요.

흰색 바탕은
음과 양의 조화를
상징해요.

4괘에서 건은
하늘, 곤은 땅,
감은 물, 이는
불을 상징해요.

태극은 밝음과
순수, 평화를
사랑하는
우리의 민족성을
나타내요.

3 태극기를 다는 날에 알맞게 태극기 붙임딱지를 붙여 보세요.

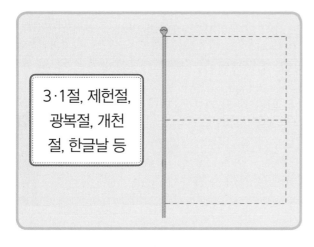

3·1절, 제헌절,
광복절, 개천
절, 한글날 등

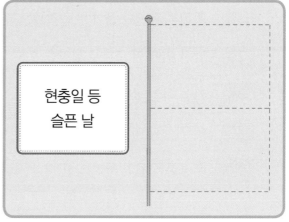

현충일 등
슬픈 날

우리나라 노래, 애국가

 개념 콕! 애국가의 노랫말 알아보기

1절	동해 물과 백두산이 마르고 닳도록 하느님이 보우하사 우리나라 만세
2절	남산 위에 저 소나무 철갑을 두른 듯 바람 서리 불변함은 우리 기상일세
3절	가을 하늘 공활한데 높고 구름 없이 밝은 달은 우리 가슴 일편단심일세
4절	이 기상과 이 맘으로 충성을 다하여 괴로우나 즐거우나 나라 사랑하세
후렴	무궁화 삼천리 화려 강산 대한 사람 대한으로 길이 보전하세

애국가는 '나라를 사랑하는 노래'라는 뜻으로, 우리나라를 나타내는 노래예요.

1 다음 세 가지 힌트 카드를 보고 알 수 있는 노래는 무엇인지 쓰세요.

✿ 첫 번째 힌트	🍃 두 번째 힌트	🌷 세 번째 힌트
우리나라를 나타내는 노래예요.	'나라를 사랑하는 노래'라는 뜻이에요.	1~4절과 후렴으로 이루어져 있어요.

(   )

1주

2 다음은 애국가 노랫말의 일부예요. 빈칸에 알맞은 노랫말의 자음자와 모음자를 따라 스마트폰의 패턴을 표시해 보세요.

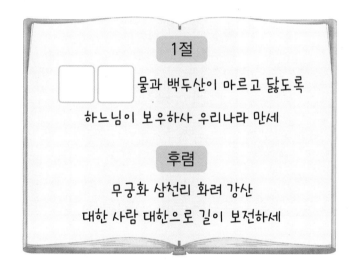

1절

☐ ☐ 물과 백두산이 마르고 닳도록

하느님이 보우하사 우리나라 만세

후렴

무궁화 삼천리 화려 강산

대한 사람 대한으로 길이 보전하세

3 애국가를 부를 때의 바른 태도로 알맞은 것에 모두 ○표를 하세요.

바른 자세로
서서 불러요.

친구와 장난을
치면서 불러요.

노랫말을 정확하게
알고, 큰 소리로
씩씩하게 불러요.

우리나라 꽃, 무궁화

개념 콕!

무궁화에 대해 알아보기

꽃잎은 5장이고, 한가운데 커다란 꽃술이 있습니다.

꽃잎의 색깔은 분홍색, 하얀색, 보라색 등 다양합니다.

우리나라 어디서나 잘 자랍니다.

석 달 동안 매일 새로운 꽃을 피우는 모습이 우리 민족의 근면한 면과 닮았습니다.

나라 문장, 국회기, 국민 훈장, 국회의원 배지 등에 무궁화 모양을 활용하고 있습니다.

1 다음 물건들이 공통으로 활용하고 있는 꽃의 모양은 무엇인지 보기 에서 찾아 쓰세요.

보기

| 장미 | 코스모스 | 개나리 | 무궁화 | 해바라기 | 민들레 |

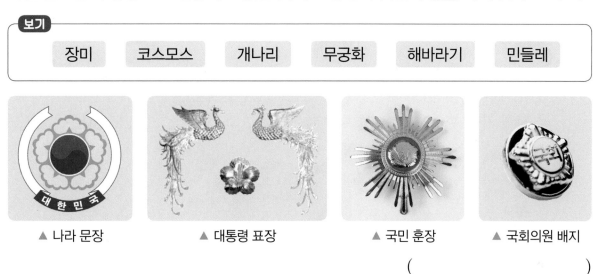

▲ 나라 문장   ▲ 대통령 표장   ▲ 국민 훈장   ▲ 국회의원 배지

(   )

2 무궁화가 우리나라를 상징하는 꽃이 된 이유로 알맞은 것에 ○표를 하세요.

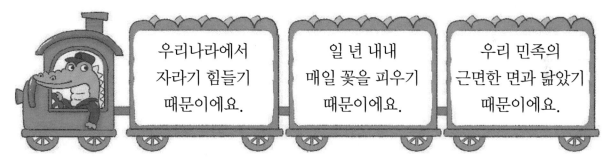

우리나라에서
자라기 힘들기
때문이에요.

일 년 내내
매일 꽃을 피우기
때문이에요.

우리 민족의
근면한 면과 닮았기
때문이에요.

3 종이접기로 무궁화 꽃을 만든 작품에 ○표를 하세요.

1 다음 어린이들이 설명하고 있는 놀이의 이름을 쓰세요.

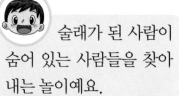
땅 위에 그린 큰 원 안에서 각자 자기 땅을 넓혀 가는 놀이예요.

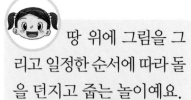
술래가 된 사람이 숨어 있는 사람들을 찾아내는 놀이예요.

땅 위에 그림을 그리고 일정한 순서에 따라 돌을 던지고 줍는 놀이예요.

2 다음에서 설명하는 것은 무엇인지 쓰세요.

- 우리나라 고유의 옷으로, 우리나라를 대표하는 옷이에요.
- 여자는 저고리와 치마를 입고, 남자는 저고리와 바지를 입어요.
- 몸에 붙지 않고 바람이 잘 통하여 건강에 좋으나, 옷을 입는 순서가 복잡하고 활동하기가 불편해요.

(   )

3 우리나라의 전통 음식으로 알맞지 <u>않은</u> 것은 어느 것인가요? (   )

① ▲ 된장국

② ▲ 배추김치

③ ▲ 인절미

④ ▲ 햄버거

⑤ ▲ 식혜

4 다음은 우리 조상들이 살던 집의 우수성을 설명한 글이에요. 빈칸에 알맞은 말을 쓰세요.

□□□를 사용한 문은 공기와 햇빛이 통과되어 건강에 좋아요.

□□를 이용한 벽은 습도 조절이 쉽고, 자연적으로 환기가 이루어져요.

5 태극기의 명칭이 바르게 연결된 것은 어느 것인가요? (   )

ㄱ

ㄷ

ㅁ

ㄴ

ㄹ

① ㄱ – 감괘
② ㄴ – 건괘
③ ㄷ – 곤괘
④ ㄹ – 이괘
⑤ ㅁ – 태극

6 다음 친구들이 관찰하고 있는 꽃의 이름을 쓰세요.

꽃잎은 5장이고, 한가운데 커다란 꽃술이 있어요.

꽃잎의 색깔은 분홍색, 하얀색, 보라색 등 다양해요.

우리나라를 상징하는 꽃이에요.

(   )

생각을 넓혀요

우리나라를 대표하는 자랑거리

얘들아, 어서 타!

신난다!

그런데 로니 왕자, 우리 어디 가는 거야?

유네스코 세계 유산으로 지정된 곳 중 한 곳을 갈 거야.

유네스코?

유네스코는 교육, 과학, 문화 등을 위해 활동하는 세계적인 기구로, 세계적으로 보호해야 할 문화유산을 지정해 보호하고 있어.

대한민국의 대표적인 유네스코 지정 문화유산으로는 불국사와 석굴암, 수원 화성, 고인돌 유적지 등이 있어.

불국사

석굴암

수원 화성

고인돌 유적지

그 중에서 오늘은 경주에 있는 불국사와 석굴암을 방문할 거야.

불국사에 도착했어. 어때?

와~ 으리으리하다.

불국사는 부처의 나라를 이루려는 마음을 담아 지은 절이야.

어서 들어가서 구경해 보자!

여기 불국사 삼층 석탑이랑 다보탑도 있어!

어? 저건 십 원짜리 동전에서 봤던 건데.

하하~ 맞아.

불국사를 둘러봤으니 이제는 석굴암으로 가 보자!

헉 헉

너무 힘들어.

와~ 불상이 엄청 크다!

실제로 보니 정말 웅장하고 신비로워.

석굴암은 과학적인 설계와 조화로운 아름다움을 인정받아 1995년에 불국사와 함께 유네스코 세계 문화유산으로 지정되었지.

우리나라에 정말 훌륭한 문화유산이 많다.

우리나라가 정말 자랑스러워.

로니 왕자, 다음 여행지로는 수원 화성 어때?

좋지!

그럼 지금 당장 수원 화성으로 가자!

오늘은 너무 힘들어서 못 가.

나도…….

🔍 우리나라의 유네스코 세계 유산에 대해 알아봐요!

유네스코는 세계 여러 나라가 교육, 과학, 문화 등의 분야에서 다양한 교류를 하며 세계 평화를 추구하도록 하는 국제기구로, 유네스코에서는 세계적으로 보호해야 할 문화유산을 지정해요. 우리나라의 대표적인 유네스코 지정 문화유산에는 불국사와 석굴암, 수원 화성, 판소리, 『훈민정음』 등이 있어요.

퀴즈 팡!

우리나라의 유네스코 세계 유산 중에서 부처의 나라를 이루려는 마음을 담아 지은 절은?

답 ☐ ☐ ☐

생각을 키워요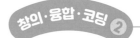

창의·융합·코딩 ②

🖋️ 코딩

1 다섯 개의 음식 카드가 있어요. 주어진 질문에 맞게 음식을 차례대로 분류하여 빈칸에 알맞은 음식 붙임딱지를 붙여 보세요. 붙임딱지 ①

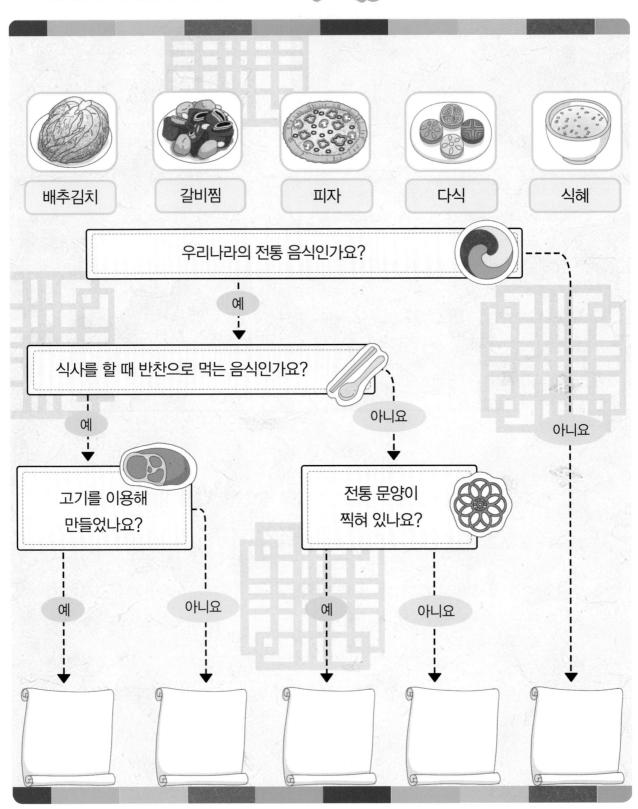

융합

2 우리나라의 전통 집에 대한 설명이 알맞게 쓰여 있는 항아리를 모두 찾고, 그 안에 있는 화살의 개수를 모두 합하여 빈칸에 알맞은 숫자를 쓰세요.

항아리의 화살을 모두 모으면

총 ☐ 개예요.

기와집, 초가집 등이 있어요.

주변에서 쉽게 구할 수 있는 재료로 만들었어요.

화장실은 주로 집 안에 있어요.

보일러를 이용해 난방을 하였어요.

처마, 마루 등이 있어 여름철을 시원하게 보낼 수 있어요.

유리를 이용해 창문을 만들었어요.

생각을 키워요

창의

3 종이에 적혀 있는 애국가의 노랫말을 보고, 빈칸에 들어갈 노랫말이 알맞게 완성되도록 돌을 따라가며 집까지 가는 길을 그려 보세요.

동해 물과 백두산이 마르고 닳도록
하느님이 보우하사 우리나라 만세

대한 사람 대한으로 길이 보전하세

출발!

무	가	우	시	성	차
궁	화	삼	유	은	충
오	안	천	바	람	성
남	산	리	화	려	을
하	늘	상	기	강	산

창의

4 친구들이 학교 운동장에서 놀고 있어요. 그림 속 친구들에 대한 설명으로 알맞으면 ○표, 알맞지 않으면 ×표를 하세요.

태극기 앞에 서 있어요.

술래잡기를 하면서 술래가 되어 풀숲에 숨었어요.

번호 순서대로 돌을 던지고 주우며 사방치기를 하고 있어요.

장미꽃을 바라보며 미소 짓고 있어요.

돌멩이를 가지고 공기놀이를 하고 있어요.

이번 올림픽에는 세계 여러 나라와 함께 북한이 참가했습니다.

북한도 올림픽에 참가했구나!

너희는 북한도 응원할 거야?

당연하지!

남한과 북한은 오랜 역사를 함께한 같은 민족이잖아.

같은 민족이라고?

남북한 모두 한글을 사용하고 한복을 입으며 김치를 먹는 것 등을 보면 알 수 있지.

그렇다면 나도 북한을 응원할래.

하하하.

좋아!

로니 왕자, 궁금한 게 생겼어.

뭔데?

남한과 북한이 통일되면 무엇을 할 수 있어?

금강산

북한으로 여행을 갈 수 있지.

그리고 나라가 더욱 발전하게 되고, 헤어진 가족이 다시 함께 살 수 있어.

정말? 빨리 통일이 됐으면 좋겠다!

맞아!

그런데 조금 전부터 손에 들고 있는 그건 뭐야?

아, 이거!

공부할 내용

⭐ 추운 겨울날 사람들의 생활 모습에 알맞은 붙임딱지를 붙여 보세요. 붙임딱지 2

비어 있는 부분에 알맞은 붙임딱지를 붙이고, 다른 붙임딱지들도 자유롭게 붙이면서 겨울 풍경을 꾸며 보도록 해요.

✹붙임딱지

이 불

남한과 북한의 생활 모습

개념 콕! 남한과 북한의 생활 모습 비교하기

남한의 생활 모습	북한의 생활 모습
• 어린이날이 5월 5일입니다.	• 어린이를 위한 날이 두 번 있습니다.
• 여행을 자유롭게 다닙니다.	• 여행을 가려면 여행 증명서가 필요합니다.
• 학급 회장을 우리가 뽑습니다.	• 소년단 간부를 임명합니다.
• 일하는 곳을 스스로 찾습니다.	• 일하는 곳을 정해 줍니다.
• 초등학교에 다닙니다.	• 남한보다 지하자원이 많습니다.

1 미나의 하루 생활 모습을 살펴보고, (   ) 안의 알맞은 말에 ○표를 하세요.

(남한 , 북한)에 사는 미나의 하루 생활

미나는 학교에 갈 준비를 해요. ⇒ 학교에서 친구들과 함께 열심히 공부해요. ⇒ 친구들과 함께 학교에서 점심을 먹어요. ⇒ 학교를 마치고 악기를 배워요.

2 남한과 북한의 생활 모습으로 알맞은 답을 따라 도착점까지 가는 길을 선으로 이어 보세요.

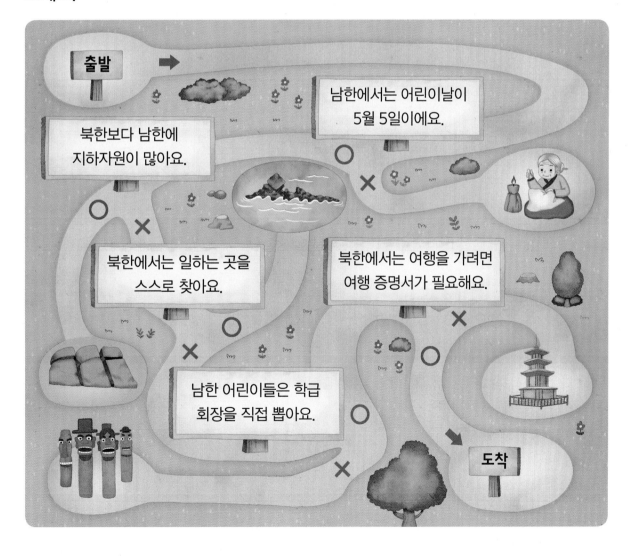

출발 →

남한에서는 어린이날이 5월 5일이에요.

북한보다 남한에 지하자원이 많아요.

북한에서는 일하는 곳을 스스로 찾아요.

북한에서는 여행을 가려면 여행 증명서가 필요해요.

남한 어린이들은 학급 회장을 직접 뽑아요.

도착

다리 빼기 놀이하기

노래 듣기 노래 듣기

두 모둠이 마주 앉아 다리를 번갈아 펴세요.

네~

다리를 차례로 짚어 가며 '파주 다리 빼기' 노래를 불러 봐요.

이 거리 저 거리 각~ 거리~ ♪

툭 툭

앉~ 은 뱅~ 이 도~ 리~ 아~ 줍~ 세 月♪

헤헤~

속

노랫말 끝말에 짚은 다리를 접으세요.

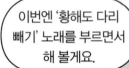

이번엔 '황해도 다리 빼기' 노래를 부르면서 해 볼게요.

한 알 대 두 알 대~ 세 알 대~ 네 알 대~

두 다리를 먼저 접는 사람이 이기는 거니까 찬혁이가 1등으로 이겼네요.

말~부리 퉁~탕!

1등!

로니 왕자! 내가 1등이래, 1등!

축, 축하해, 찬혁아!

와 락

하하하~

개념 콕!

'다리 빼기' 노래와 다리 빼기 놀이에 대해 알아보기

'다리 빼기' 노래

'파주 다리 빼기'는 남한 어린이들이, '황해도 다리 빼기'는 북한 어린이들이 다리 빼기 놀이를 할 때 불렀던 노래입니다.

다리 빼기 놀이

여럿이 서로 마주 보고 앉아 다리를 번갈아 편 다음, 다리를 세면서 노는 놀이입니다.

1 다음과 같은 순서에 따라 하는 놀이의 이름을 쓰세요.

❶ 두 모둠이 마주 앉아 다리를 번갈아 펴요.

❷ 다리를 차례로 짚어 가며 노래를 불러요.

❸ 노랫말 끝말에 짚은 다리를 접어요.

(   )

2 남한의 어린이들이 다리 빼기 놀이를 할 때 불렀던 노래에 ○표를 하세요.

파주 다리 빼기   전래 동요

이	거	리	저	거	리	각		거	리	
천		석	만		석	사		만	석	
도		리	김		치	장	독	간		에
벅			하		고	앉		은	뱅	이
도			리			아			줍	
세										

황해도 다리 빼기   전래 동요

한	알		대			두	알		대	
세	알		대			네	알		대	
단	자		연		자	임		금	나	라
칭		칭	백	사		이	엉		지	엉
말			부	리		통			탕	

3 다리 빼기 놀이에서 승리하는 사람으로 알맞은 것에 ○표를 하세요.

두 다리를 먼저 펴는 사람

한 다리를 먼저 접는 사람

두 다리를 먼저 접는 사람

남한과 북한은 한민족

아이스하키 경기 시작한다. 빨리 와!

알았어!

떨
커컹

오늘 북한이랑 어느 나라랑 경기한다고 했지?

일본.

헤헤, 남한과 북한은 오랜 역사를 함께한 같은 민족이니 북한을 응원해야겠지?

그럼, 당연하지!

와 아 와

남한과 북한은 단군 할아버지를 조상으로 두고, 예전부터 고조선, 고려, 조선 등 같은 나라 이름을 사용해 왔잖아.

앗, 경기 시작한다!

와아

와

파이팅!

북한 팀 이겨라!

아자 아자~ 오늘 북한 팀 골 많이 넣어 이긴다!

짝

짝

짝

짝

개념 콕!

남한과 북한이 같은 민족인 이유 알아보기

남한과 북한은 단군 할아버지를 조상으로 두고, 예전부터 한반도에 자리 잡고 살아왔어요.

문자 남한과 북한 모두 한글을 사용합니다.

풍습 풍물놀이, 태권도, 탈춤, 연날리기 등의 풍습이 같습니다.

문화 한복을 입고 김치를 먹으며 설날, 추석 등의 명절이 같습니다.

1 남한과 북한에 대한 설명을 읽고, 빈칸에 알맞은 말을 **보기** 에서 찾아 쓰세요.

> **보기**
>
> 단군   공자   간디   한반도   대마도

오랜 역사를 함께한 남한과 북한

남한과 북한은 ☐☐ 할아버지를 조상으로 두고 있으며, 고조선, 고려, 조선 등 같은 이름을 가진 나라들을 거쳐 왔어요.

한 지역에서 함께 살아온 남한과 북한

예전부터 ☐☐☐ 에 자리 잡고 살아왔어요.

2 남한과 북한이 같은 민족인 이유와 관련된 낱말로 알맞은 답을 따라 집까지 가는 길을 선으로 이어 보세요.

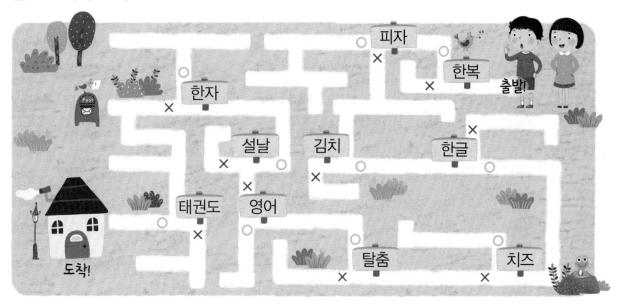

통일이 된 우리나라

북한 팀이 이긴 건 나의 응원 덕분이야!

맞아. 너 진짜 열심히 응원하더라.

북한 팀이 이긴 기념으로 남한과 북한이 서로 하나가 되어 통일이 되었을 때 하고 싶은 것을 그려 보자!

좋은 생각이다!

와, 아름이는 금강산 여행하는 걸 그렸구나!

응. 난 가족과 함께 기차를 타고 금강산으로 여행을 떠나고 싶어.

로니 왕자는 남북 통일 운동회를 그렸네!

남북 통일 운동회

북한의 친구들과 함께 운동회를 즐기면 재밌을 거야.

아하, 그럼 난 로니 왕자 그림으로 정했다!

내 그림?

통일이 된 우리나라에서 하고 싶은 걸 그려 오는 숙제가 있었거든!

앗, 내 그림!

 개념 콕!

통일이 되면 할 수 있는 일 알아보기

저기 우리 고향이 보여요.

기차를 타고 유럽까지 갈 수 있습니다.

북한으로 여행을 갈 수 있습니다.

우리나라가 더욱 발전할 수 있습니다.

헤어진 가족이 다시 함께 살 수 있습니다.

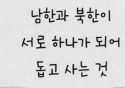

1 다음에서 공통으로 설명하는 말을 제시된 낱말 카드에서 찾아 쓰세요.

| 남한과 북한이 서로 하나가 되어 돕고 사는 것 | 남한과 북한이 옛날처럼 다시 친해지고 만나는 것 | 남한과 북한이 같은 나라가 되는 것 |

소 통 족 민 일 원

(   )

2 다음은 통일이 되면 할 수 있는 일이에요. 빈칸에 알맞은 말을 쓰세요.

□□를 타고 북한을 지나 유럽까지 갈 수 있어요.

저기 우리 고향이 보여요.

헤어진 □□이 다시 만나서 함께 살 수 있어요.

우리나라가 더욱 잘살게 되고 □□할 수 있어요.

3 통일이 된 우리나라에서 하고 싶은 것을 쓴 글을 읽고, 어울리는 그림에 ○표를 하세요.

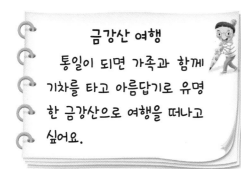

금강산 여행
통일이 되면 가족과 함께 기차를 타고 아름답기로 유명한 금강산으로 여행을 떠나고 싶어요.

겨울에 볼 수 있는 얼음

으~ 추운데 밖으로 왜 나오자고 한 거야?

얼음이라면 냉장고에 많이 있잖아.

겨울철에는 바깥에서도 얼음을 많이 볼 수 있거든.

맞아.

주변에 있는 얼음을 살펴보려고.

덜 덜

앗, 호수가 얼음으로 덮였어!

맞아. 날씨가 많이 추워서 호수가 꽁꽁 언 거야.

꽁 꽁

얘들아, 여기 봐! 처마 밑에 고드름이 매달려 있어!

헤헤, 맛있는 아이스바처럼 생겼다. 그치?

저 위에 있는 나뭇가지에도 얼음이 맺혀 있어!

정말? 난 가까이 가서 볼래!

그러네.

아이코~ 찬혁이 살려!

괜찮아? 겨울철엔 길이 얼어 있어서 미끄러우니 조심해서 다녀야 한다고!

꽈당

미끌

아프겠다.

개념 콕!

우리 몸의 감각을 이용하여 얼음 관찰해 보기

눈으로 살펴본 얼음

일정한 모양이 있으며, 겉은 투명하지만 속은 하얀색입니다.

손으로 만져 본 얼음

매우 차갑고 단단하며, 손바닥 위에 올려놓으면 녹아 물이 생깁니다.

코로 냄새를 맡아 본 얼음

아무런 냄새가 나지 않습니다.

냉동실에서 꺼낸 얼음을 바로 손으로 만지거나, 입에 대지 않도록 조심해요.

1 다음 세 고개 놀이 질문의 답은 무엇인지 쓰세요.

나는 무엇일까요?

☝ 나는 물로 만들어졌어요.

✌ 나를 음료수에 넣으면 음료수가 시원해져요.

🤟 겨울이 되면 추워져서 밖에서도 나를 볼 수 있어요.

답을 쓰세요

2 우리 주변의 얼음을 살펴보는 모습을 보고, 빈칸에 알맞은 말을 쓰세요.

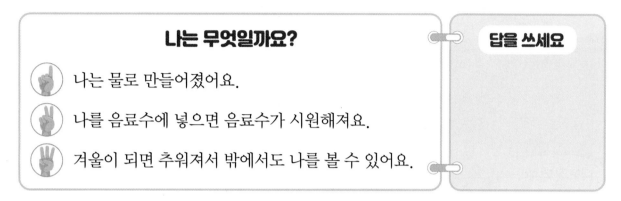

나뭇가지에 얼음이 맺혀 있어요.

처마 밑에 [ ][ ][ ]이 매달려 있어요.

[ ][ ]가 얼어 있어요.

[ ]에 얼음이 얼어 있어요.

3 다음과 같이 얼음을 관찰할 수 있는 우리 몸의 감각 기관으로 알맞은 붙임딱지를 붙여 보세요. 붙임딱지 ❷

아무런 냄새가 나지 않아요.

일정한 모양이 있으며, 겉은 투명하지만 속은 하얀색이에요.

매우 차갑고 단단하며, 손바닥 위에 올려놓으면 녹아 물이 생겨요.

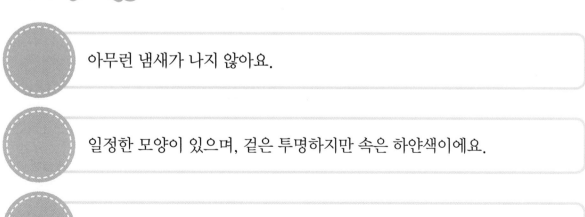

겨울 놀이 도구 만들기

개념 콕!

딱지와 팽이 만들기

종이 두 장을 접어 만든 딱지

색종이 3장을 이용하여 만든 팽이

재활용 시디와 유리 구슬로 만든 팽이

골판지 띠와 면봉으로 만든 팽이

1 다음과 같은 방법으로 만드는 놀이 도구의 이름을 **보기** 에서 찾아 쓰세요.

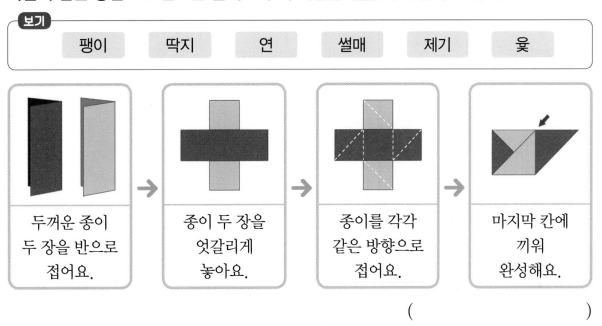

> **보기**
>
> 팽이   딱지   연   썰매   제기   윷

| 두꺼운 종이 두 장을 반으로 접어요. | → | 종이 두 장을 엇갈리게 놓아요. | → | 종이를 각각 같은 방향으로 접어요. | → | 마지막 칸에 끼워 완성해요. |

(   )

2 다음 팽이의 모습을 보고, 복잡하게 엉켜 있는 줄을 따라가 빈칸에 팽이를 만든 재료를 쓰세요.

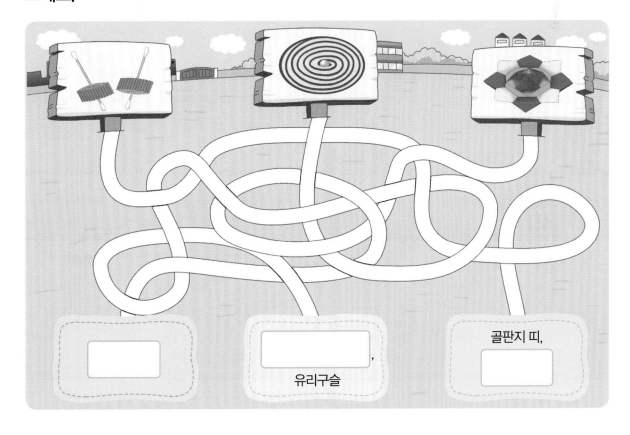

유리구슬,

골판지 띠,

겨울 놀이하기

가위바위보에서 진 사람이 땅바닥에 딱지 한 장을 놓는 거야.

알았어.

가위 바위 보!

그리고 이긴 사람이 자기 딱지로 상대방의 딱지를 내리치면 돼!

앗, 내 딱지가 넘어갔어!

퍽

헤헤, 상대방의 딱지가 넘어가면 내가 상대방의 딱지를 가지는 거야.

으~ 아깝다. 내가 다시 딱지 한 장을 바닥에 놓으면 되지?

아싸, 뒤집기 실패다!

퍽

쳇, 아깝다.

뒤집기에 실패하면 자기 딱지는 그 자리에 둔 채 다음 사람에게 기회가 넘어가니까 이번에 네가 하면 돼.

후다닥

잠깐만 기다려 봐!

으흐흐~ 내가 열심히 만든 대왕 딱지를 사용할 때가 됐군.

그렇게 큰 딱지로 치는 건 반칙이야!

개념 콕!

딱지치기와 팽이치기 방법 알아보기

딱지치기

자기 딱지로 상대방의 딱지를 내리쳐서 뒤집습니다.

팽이치기

나무 팽이

팽이를 손으로 잡고 돌리거나 팽이채를 감아서 돌립니다.

재활용 팽이

시디의 가운데에 붙인 구슬을 잡고 힘껏 돌립니다.

골판지 팽이

면봉의 끝부분을 잡고 똑바로 세워서 힘껏 돌립니다.

1 다음 그림에서 딱지치기를 하고 있는 어린이들의 모습에 ○표를 하세요.

바깥에서 아이들이 신나게 겨울 놀이를 하고 있어요.

2 딱지치기 규칙을 알맞게 설명한 어린이의 이름을 쓰세요.

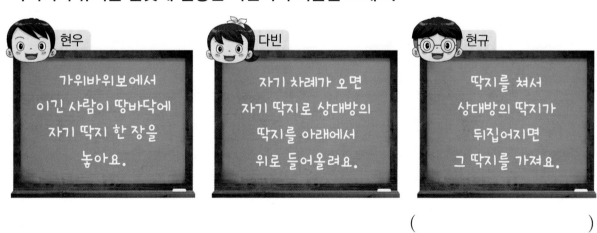

현우

가위바위보에서 이긴 사람이 땅바닥에 자기 딱지 한 장을 놓아요.

다빈

자기 차례가 오면 자기 딱지로 상대방의 딱지를 아래에서 위로 들어올려요.

현규

딱지를 쳐서 상대방의 딱지가 뒤집어지면 그 딱지를 가져요.

( )

3 다음 그림 속 팽이를 돌리는 방법으로 알맞은 것에 ○표를 하세요.

재활용 팽이

❶ 팽이에 팽이채를 돌돌 말아서 힘껏 돌려요.

❷ 시디의 가운데에 붙인 구슬을 잡고 힘껏 돌려요.

팽이처럼 균형 잡기

 노래 듣기

팽이치기 노래를 부르면서 팽이처럼 균형을 잡아 보도록 할게요.

너~

쌩쌩쌩쌩 바람이 ♪
♬ 바람이 불어 오면
펄펄펄펄 눈이 온다
팽이를 치러 가자~ ♬

난 한쪽 다리로 균형 잡기를 해 볼 거야! 팔을 양옆으로 벌려 몸의 중심이 흔들리지 않게 균형을 잡아야지.

척

난 엉덩이를 중심으로 배에 힘을 주고 몸이 V자가 되게 하여 균형을 잡을 거야.

끼잉 끼잉

난 다른 친구들과 함께 균형 잡기를 해 보겠어!

세 명 중 가운데 사람이 중심이 되어 부채처럼 몸을 펼쳐 균형을 잡아야 하는 거 알지?

균형 잡기를 하는데 왜 이렇게 힘들지?

찬혁이 너보다 훨씬 큰 친구들이 팔에 매달려 있기 때문이지.

부들

부들

 개념 콕!

여러 가지 방법으로 팽이처럼 균형 잡아 보기

신체의 한 부분으로 균형 잡기	여러 명이 함께 균형 잡기
한쪽 다리로만 균형 잡기 / 엉덩이로 V자 균형 잡기 / 엎드려서 배만 대고 균형 잡기	둘이서 발을 맞대어 균형 잡기 / 세 명이 부채처럼 몸을 펼쳐 균형 잡기

1 다음 노랫말을 읽고, 노래의 제목으로 알맞은 놀이의 이름을 쓰세요.

쌩쌩쌩쌩 바람이 바람이 불어오면

펄펄펄펄 눈이 온다.

팽이를 치러 가자.

예전부터 전해 내려온 우리나라의 대표적인 겨울 놀이 중 하나예요.

(   )

2 다음 균형 잡기 방법에 연결된 사다리를 타고 내려가 빈칸에 균형 잡기 그림으로 알맞은 붙임딱지를 붙여 보세요. 붙임딱지 2

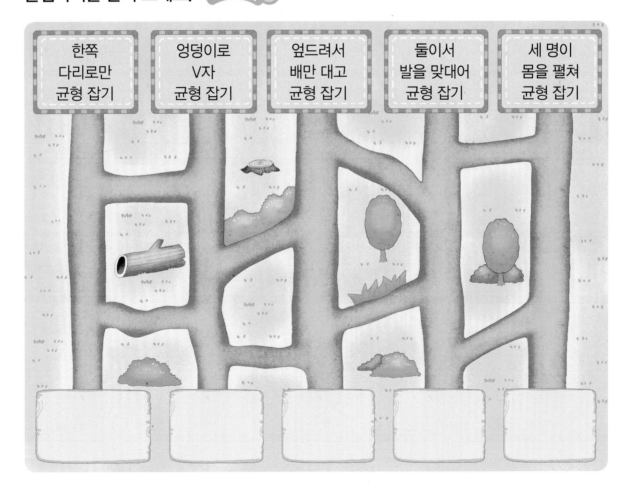

한쪽 다리로만 균형 잡기

엉덩이로 V자 균형 잡기

엎드려서 배만 대고 균형 잡기

둘이서 발을 맞대어 균형 잡기

세 명이 몸을 펼쳐 균형 잡기

겨울철 날씨와 생활 모습

 개념 콕! 겨울 날씨의 특징과 그에 따른 생활 모습 알아보기

춥고 바람이 불어요	눈이 내리고 땅이 얼어요	건조해요
• 두꺼운 옷 입기 • 온풍기나 난로 틀기 • 목도리와 귀마개 하기 • 창문에 뽁뽁이 붙이기	• 제설함 설치하기 • 얼음이 얼어서 미끄러워진 길을 조심조심 걸어 다니기 • 눈길 덧신 신기	• 가습기 틀기 • 집 안에 빨래나 물수건 널어 놓기 • 몸에 보습제 바르기

✦ 정답 7쪽

1 다음 계절 카드 중 겨울과 관련된 것에 ◯표를 하세요.

| | | | |

2 겨울철 사람들의 생활 모습에 대한 설명을 읽고, 빈칸에 알맞은 말을 쓰세요.

 눈 오는 날을 대비해 ☐ ☐ ☐ 을 설치해요.

 ☐ ☐ ☐ ☐ 같은 따뜻한 음식을 사 먹어요.

3 겨울 날씨의 특징에 알맞은 생활 도구의 붙임딱지를 각각 붙여 보세요. 붙임딱지 **2**

추워요	땅이 얼어요	건조해요

겨울철 건강 수칙

감기에 걸려 목이 아파.

저런, 춥고 건조한 겨울엔 감기에 걸리기 쉬워.

!

좋아. 아름이를 위해 내가 간이 가습기를 만들어 줄게!

간이 가습기를 어떻게 만들어?

척

준비한 플라스틱 통 위에 나무젓가락을 놓고, 나무젓가락 위에 휴지를 걸어.

휴지가 반쯤 잠기게 통에 물을 넣으면 간이 가습기 만들기 끝!

간이 가습기 덕분에 목이 덜 아픈 거 같아!

다행이다. 그런데 찬혁이는 아름이 책상 앞에서 뭐 하니?

아름이가 목이 아파 과일을 못 먹을 거 같아서 대신 내가 먹어 주고 있어.

와구 와구

개념 콕!

겨울철 건강 문제와 그에 따른 건강 수칙 알아보기

따뜻한 옷 입기

목도리, 장갑 착용하기

— 감기 —

밖에서 즐겁게 뛰어놀기

— 운동 부족 —

겨울철 건강 수칙

— 건조 —

물 자주 마시기

보습제 바르기

— 기타 —

하루에 세 번 이상 창문 열기

손을 주머니에 넣지 않고 걷기

1 겨울에 생길 수 있는 건강 문제를 알맞게 이야기한 어린이에 ○표를 하세요.

| 추운 날씨로 감기에 걸리기 쉬워요. | 지나친 에어컨 사용으로 냉방병에 걸릴 수 있어요. | 차가운 음식을 많이 먹어 배탈이 날 수 있어요. |

2 겨울을 건강하게 보내기 위한 방법으로 알맞으면 ☺, 알맞지 않으면 ☹ 붙임딱지를 붙여 보세요. 붙임딱지 **2**

날씨가 추우니 창문을 열지 않아요.

피부가 건조하지 않게 보습제를 발라요.

짧고 바람이 잘 통하는 옷을 입어요.

물을 자주 마셔요.

3 다음과 같은 방법으로 간단하게 만들 수 있는 생활 도구는 무엇인지 쓰세요.

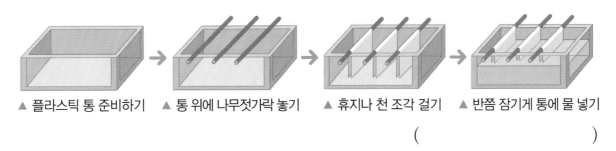

▲ 플라스틱 통 준비하기   ▲ 통 위에 나무젓가락 놓기   ▲ 휴지나 천 조각 걸기   ▲ 반쯤 잠기게 통에 물 넣기

(   )

누구나 100점 TEST

1 북한의 생활 모습으로 알맞은 것에 ○표를 하세요.

어린이날이
5월 5일이에요.

(   )

여행을 가려면 여행
증명서가 필요해요.

(   )

일하는 곳을 스스로
찾아요.

(   )

2 다음 ㉠~㉤에 들어갈 말이 바르게 연결되지 <u>않은</u> 것은 어느 것인가요? (   )

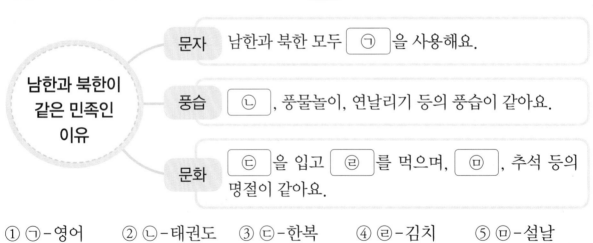

남한과 북한이
같은 민족인
이유

문자   남한과 북한 모두 ㉠ 을 사용해요.

풍습   ㉡ , 풍물놀이, 연날리기 등의 풍습이 같아요.

문화   ㉢ 을 입고 ㉣ 를 먹으며, ㉤ , 추석 등의
명절이 같아요.

① ㉠-영어   ② ㉡-태권도   ③ ㉢-한복   ④ ㉣-김치   ⑤ ㉤-설날

3 다음 글을 읽고, 빈칸에 알맞은 말을 쓰세요.

☐☐이 되면
할 수 있는 일

북한으로 여행을
갈 수 있어요.

헤어진 가족을 다시
만날 수 있어요.

4 오른쪽 그림과 같은 방법으로 관찰하여 알 수 있는 얼음의 특징을 두 가지 고르세요. (   )

① 일정한 모양이 있어요.
② 매우 차갑고 단단해요.
③ 아무런 냄새가 나지 않아요.
④ 겉은 투명하지만 속은 하얀색이에요.
⑤ 손바닥 위에 올려놓으면 녹아 물이 생겨요.

눈으로 관찰하기

5 다음과 같이 다양한 재료를 이용해 만들 수 있는 놀이 도구는 무엇인지 쓰세요.

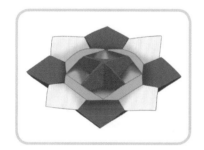

(   )

6 겨울 날씨의 특징에 따라 필요한 생활 도구를 알맞게 줄로 연결하세요.

건조해요 •

•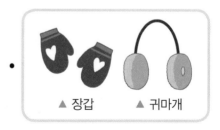

▲ 장갑   ▲ 귀마개

춥고 바람이 불어요 •

•

▲ 보습제   ▲ 가습기

동장군이 왔어요

冬 將 軍
겨울 동 장수 장 군사 군

🔍 동장군에 대해 알아봐요!

여러분은 매년 추운 겨울이 되면 텔레비전 뉴스 등에서 동장군이 왔다는 말을 들어본 적이 있나요? 동장군은 겨울 장군이라는 뜻으로, 사람들을 벌벌 떨게 하는 매우 추운 겨울 날씨를 용맹하고 무서운 장군의 모습에 빗대어 표현한 말이에요.

겨울 장군이라는 뜻으로, 매우 추운 겨울 날씨를 용맹하고 무서운 장군의 모습에 빗대어 표현한 말은?

답 ☐ ☐ ☐

융합

1 지후와 연서는 각각의 나무에서 남한과 북한의 생활 모습이 알맞게 쓰여진 열매를 따려고 해요. 더 많은 열매를 딸 수 있는 어린이의 이름을 쓰세요.

답 ☐☐

2 남한과 북한에 대한 설명으로 알맞은 답을 따라 가면서 숫자를 순서대로 모으면 보물 상자의 비밀 번호를 알 수 있어요. 비밀 번호를 찾아 열쇠 칸에 알맞은 숫자를 쓰세요.

생각을 키워요

창의

3 겨울 날씨와 관련 있는 생활 모습으로 알맞은 답을 따라 눈사람이 있는 곳까지 가는 길을 선으로 이어 보세요.

코딩

4 지윤이가 겨울철 추운 날씨에 대비하기 위해 필요한 생활 도구를 모두 모아 밖으로 나갈 수 있도록 빈칸에 알맞은 화살표 붙임딱지를 붙여 보세요. **붙임딱지 2**

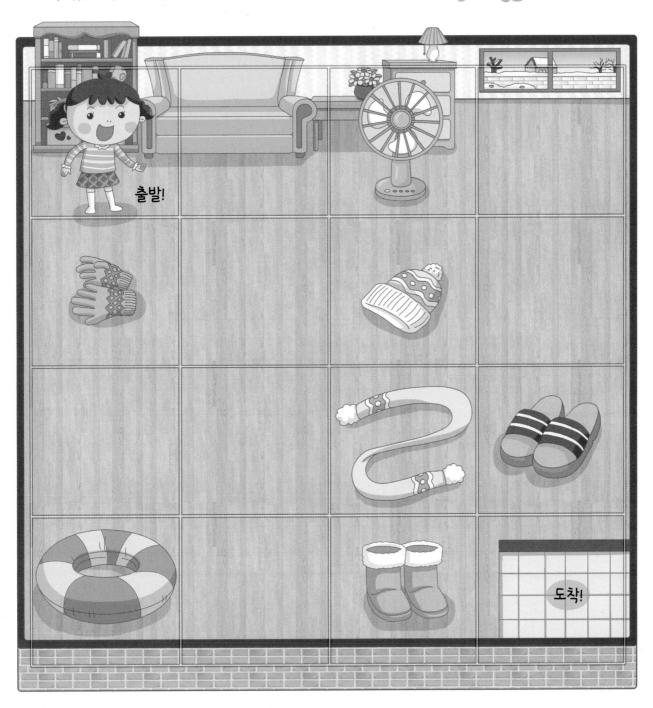

3주에는 무엇을 공부할까? ①

⭐ 겨울에 하는 놀이에 알맞은 붙임딱지를 붙여 보세요. 붙임딱지 ❸

비어 있는 부분에 알맞은 붙임딱지를 붙이고, 다른 붙임딱지도 자유롭게 붙이면서 겨울 놀이를 하는 모습을 꾸며 보도록 해요.

✱붙임딱지

✱붙임딱지

눈을 관찰하고 표현하기

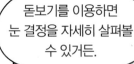

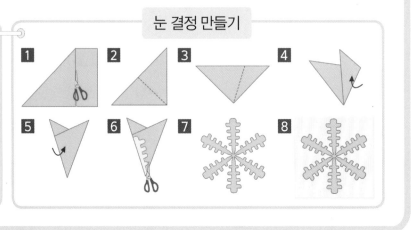

눈을 살펴보고 작품 만들기

눈 관찰하기

- 손으로 눈 뭉쳐 보기
- 눈으로 내리는 눈 살펴보기
- 내린 눈을 발로 밟아 보기
- 돋보기로 눈 결정 살펴보기

눈 결정 만들기

1 눈이 내리는 날 해 보았던 일을 바르게 이야기하지 못한 어린이의 이름을 쓰세요.

수진
가족과 함께 눈사람을 만들었어요.

영민
가족과 함께 바다로 물놀이를 갔어요.

철우
친구들과 신나게 눈싸움을 했어요.

(   )

2 다음 어린이들이 눈을 살펴보는 모습을 보고, 빈칸에 알맞은 말을 쓰세요.

눈을 ☐ 으로 뭉쳐서

만져 보아요.

눈을 ☐☐☐ 로

자세히 관찰해 보아요.

3 종이접기로 눈 결정을 만드는 순서예요. 빈칸에 들어갈 눈 결정 모양으로 알맞은 붙임딱지를 붙여 보세요. 붙임딱지 ③

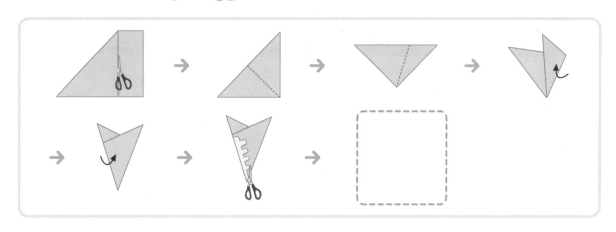

겨울에 하는 놀이

개념 콕!

겨울철에 하는 놀이와 놀이 도구 알아보기

연날리기	스케이트 타기	썰매 타기	스키 타기

1 다음 겨울 놀이에 필요한 도구로 알맞은 것을 줄로 연결하세요.

 •

•

 •

•

2 겨울 놀이를 할 때 알맞은 도구와 옷차림을 갖추어야 하는 까닭을 바르게 이야기한 어린이에게 ◯표를 하세요.

놀이에서 친구를 이기기 위해서예요.

눈이 묻어서 녹으면 옷이 젖어 감기에 걸릴 수 있기 때문이에요.

3 다음은 시은이가 하고 싶은 겨울 놀이를 조사하여 정리한 것이에요. 빈칸에 알맞은 놀이를 쓰세요.

놀이 이름				
준비물	연, 얼레			
놀이 방법	연에 실을 연결하여 바람을 이용해 하늘에 띄우고, 바람의 방향과 세기에 따라 실을 풀었다 감았다 하며 연의 높이를 조절해요.			

눈사람 만들기

여러 가지 재료로 눈사람 만들어 보기

색종이로 얼굴, 몸, 모자, 목도리, 신발, 장갑을 접어 만듭니다.

다양한 색깔의 골판지로 얼굴, 몸, 목도리, 팔 등을 만듭니다.

크기가 다른 두 개의 스티로폼 공을 붙여서 만듭니다.

플라스틱 뚜껑, 못 쓰는 양말로 만듭니다.

1 책상 위에 있는 재료를 이용하여 만들 수 있는 눈사람의 모습을 찾아 선으로 이어 보세요.

2 다음 눈사람 작품에 대해 바르게 이야기한 어린이에게 ○표를 하세요.

띠 골판지를 돌돌 말아서
눈알 단추를 붙인 눈사람이
무척 귀여워요.

못 쓰는 양말로
만든 모자를 쓴 눈사람이
따뜻해 보여요.

다른 사람을 배려하는 행동

길에 눈이 쌓여 있어서 걷기가 힘들어.

저쪽은 아저씨가 눈을 치우고 계셔.

저쪽으로 가자.

저 사람은 뭐 하는 거야?

뒤에 오는 사람을 위해 문을 잡아 주고 있는 거야.

길에 쌓인 눈을 치우거나 문을 잡아 주는 건 모두 다른 사람들을 배려하는 행동이지.

좋아. 오늘부터 나도 학교에서 친구들을 배려할 거야!

어떻게?

친구가 사물함을 사용하고 있으면 기다렸다가 사용할 거야. 그리고 ……,

교실 문을 그렇게 세게 열면 친구들이 깜짝 놀라잖아!

콰

앙

미안!

개념 쏙!

교실에서 친구들을 배려하는 행동 살펴보기

쓰레기는 꼭 쓰레기통에 버립니다.

친구가 사물함을 사용하고 있으면 기다렸다가 사용합니다.

교실 문은 살짝 열고 닫습니다.

목이 마른 친구와 물을 나누어 마십니다.

지나가는 친구가 불편하지 않도록 가방을 잠급니다.

친구에게 잘못한 일이 있으면 먼저 사과합니다.

1 다음 그림에서 다른 사람을 배려하는 모습에 😊 붙임딱지를 붙여 보세요. 붙임딱지 ③

2 다음은 교실에서 친구들을 배려하는 행동이에요. 빈칸에 알맞은 말을 쓰세요.

 은 살짝 열고 닫아요.

지나가는 친구가 불편하지 않도록 [ ][ ]을 잠가요.

친구가 [ ][ ][ ]을 사용하고 있으면 기다렸다가 사용합니다.

눈싸움 놀이

눈덩이를 아주 크게 만들어야지.

뽀득 뽀득

눈덩이는 적당한 크기로 만들어야 해!

그렇다면 다른 방법이 있지.

눈 속에 다른 물건을 넣어도 안 돼!

누구야? 눈덩이를 얼굴에 던지면 안 된단 말야.

헉!

하하!

미안!

눈싸움은 눈이 와야 재미있는데……

신문지 눈싸움 놀이도 재미있을 거야.

책상이나 의자로 공간을 나누고 신문지로 종이 눈덩이를 만들어 던지면 돼.

어때, 재미있지?

진짜 눈싸움처럼 너무 재미있어!

 개념 콕!

운동장과 교실에서 눈싸움 놀이 해 보기

운동장에서 두 편으로 나누고 눈을 뭉쳐 눈덩이를 만들어 던집니다.

교실에서 책상이나 의자로 공간을 나누고 신문지로 종이 눈덩이를 만들어 던집니다.

✦ 정답 10쪽

1 다음 어린이가 눈싸움 놀이를 할 때 지켜야 할 점을 바르게 줄로 연결하세요.

눈덩이를 얼굴에
던지지 않아요.

눈 속에 다른 물건을
넣지 않아요.

눈덩이는 적당한
크기로 만들어야 해요.

3
주

2 다음 놀이 모습을 보고, 빈칸에 알맞은 말을 쓰세요.

책상이나 의자로
공간을 나누어요.

→

□□□를 구겨
종이 눈덩이를 만들어요.

→

한 번에 하나씩 던지며
눈싸움을 해요.

3주 학습 • **83**

겨울 모습 그리기

개념
콕!

겨울 모습 그려 보기

얼음낚시	스키장에서	눈 오는 날	겨울 풍경

크레파스와 물감을 이용해 그렸습니다.	사포에 크레파스로 그렸습니다.	그림을 그리고 오려서 검은 도화지에 붙였습니다.	그림을 그리고 그 위에 색 솜, 수수깡 등을 붙였습니다.

1 사다리를 타고 내려가 어린이들이 떠올린 겨울 장면이 그려져 있는 붙임딱지를 붙여
보세요. 붙임딱지 3

2 다음 어린이가 만든 작품으로 알맞은 것에 ○표를 하세요.

나눔과 봉사 실천하기

내가 가방 들어 줄게.

아름아, 고마워.

아름이는 친구를 도와주는 따뜻한 마음을 가진 것 같아.

우리 주변에는 나눔과 봉사를 실천하는 사람들이 더 많아.

구세군 냄비에 성금을 넣는 사람들도 있고,

어려운 이웃에게 연탄이나 생활용품을 전해 주는 사람들도 있어.

근데 …….

찬혁이는 왜 나눔을 실천하지 않을까?

찬혁이?

우리랑 나눠 먹기 싫어서 혼자 숨어서 붕어빵을 먹고 있잖아.

앗, 들켰다!

개념 쏙! 나눔과 봉사를 실천한 사람들 알아보기

김장 김치를 만들어 이웃들에게 나누어 줍니다.

구세군 냄비에 성금을 넣습니다.

양로원에 찾아가 할아버지, 할머니를 기쁘게 해 드립니다.

어려운 이웃에게 연탄이나 생활용품을 전해 줍니다.

1 나눔과 봉사를 실천하고 있는 사람들의 모습을 보고, 빈칸에 알맞은 말을 쓰세요.

어려운 이웃에게 ☐☐ 을

전해 줘요.

구세군 냄비에 ☐☐ 을

넣어요.

2 다음 그림 속 어린이들을 칭찬하는 말로 알맞은 것에 ○표를 하세요.

➊ 내 친구들은 노래와 춤으로 할아버지, 할머니를 기쁘게 해 드려요. ☐

➋ 내 친구들은 할아버지, 할머니의 어깨를 주물러 드려요. ☐

3 우리가 실천할 수 있는 나눔과 봉사의 방법을 바르게 이야기한 어린이의 이름을 쓰세요.

연수

다리를 다친 친구의 가방을 들어 줘요.

창희

무거운 물건을 들고 가는 친구를 모른 척해요.

하윤

운동장에 떨어진 쓰레기를 보고 그냥 지나쳐요.

( )

비밀 친구 도와주기

비밀 친구 활동 알아보기

비밀 친구 활동 방법

1 친구 이름이 적힌 쪽지를 뽑습니다.
2 내가 도와줄 친구를 확인합니다.
3 정해진 기간 동안 아무도 모르게 친구를 도와줍니다.
4 정해진 기간이 지나면 비밀 친구를 서로 확인합니다.

비밀 친구를 도와줄 수 있는 일

• 친구의 자리를 청소해 줍니다.
• 친구에게 준비물을 빌려줍니다.
• 친구에게 작은 선물을 줍니다.
• 책상을 옮길 때 같이 들어 줍니다.
• 몸이 아픈 친구를 보건실에 데려다줍니다.

1 다음 비밀 친구 활동 방법을 읽고 빈칸에 알맞은 말을 보기 에서 찾아 쓰세요.

보기

| 쪽지 | 모르게 | 도와줄 | 기간 |

친구의 이름이 적힌
☐☐ 를 뽑아요.

→

내가 ☐☐☐
친구를 확인해요.

↓

정해진 ☐☐ 이
지나면 비밀 친구를
서로 확인해요.

←

정해진 기간 동안 주변에서
아무도 ☐☐☐
비밀 친구를 도와줘요.

2 비밀 친구에게 해 줄 수 있는 일로 알맞은 것에 ○표를 하세요.

책상을 옮길 때 같이 들
어 줘요.

준비물을 가져오지 못한
친구를 모른 척해요.

다친 친구를 보고 모른
척 지나가요.

눈덩이를 굴려라 놀이

아름아, 우리는 공격 편이니 원 바깥에 둥그렇게 앉자!

응.

나는 수비 편이니까 원 안으로 들어가야지.

잠깐! 공을 굴려서 수비 편 친구를 맞혀야 해.

찬혁아! 어서 공을 피해.

데굴

데굴

겨우 피했네.

하하~, 내가 공을 잡았다.

데굴

데굴

수비 편은 절대로 공을 만지면 안 되는데…….

찬혁이는 원 밖으로 나가서 앉아 있어!

그런 규칙은 일찍 말해 주지.

 개념 콕!

눈덩이를 굴려라 놀이 알아보기

공격 편
- 원 바깥에 둥그렇게 앉아 공을 굴려 수비 편을 맞힘.
- 공을 던지지 않고 굴려야 함.
- 수비 편 친구의 무릎 위는 맞히면 안 됨.

수비 편
- 원 안에서 굴러오는 공을 피함.
- 절대로 공을 만지면 안 됨.
- 공에 맞으면 원 밖으로 나가 앉아 있어야 함.

1 다음 눈덩이를 굴려라 놀이에서 공격 편에 해당하는 어린이의 이름을 쓰세요.

(   )

2 눈덩이를 굴려라 놀이에서 공격 편과 수비 편이 지켜야 할 일을 바르게 줄로 연결하세요.

공격 편 •

수비 편 •

• 원 안으로 공을 던지지 않아야 해요.

• 절대로 굴러오는 공을 만지면 안 돼요.

• 공에 맞으면 원 밖으로 나가서 앉아 있어야 해요.

• 친구의 무릎 위쪽은 맞히지 않아야 해요.

친구에게 마음 전하기

편지를 써서 비밀 친구에게 감사의 마음 전하기

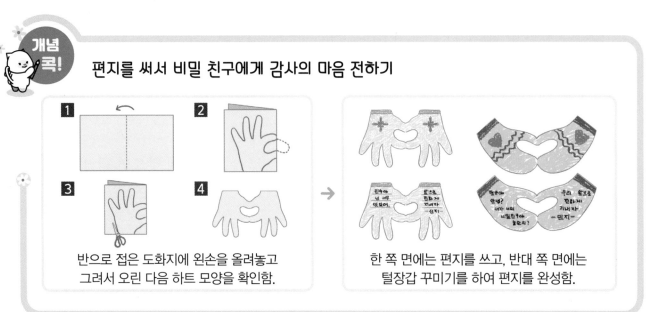

반으로 접은 도화지에 왼손을 올려놓고
그려서 오린 다음 하트 모양을 확인함.

한 쪽 면에는 편지를 쓰고, 반대 쪽 면에는
털장갑 꾸미기를 하여 편지를 완성함.

1 비밀 친구에게 줄 편지를 만드는 모습을 보고, 빈칸에 알맞은 말을 쓰세요.

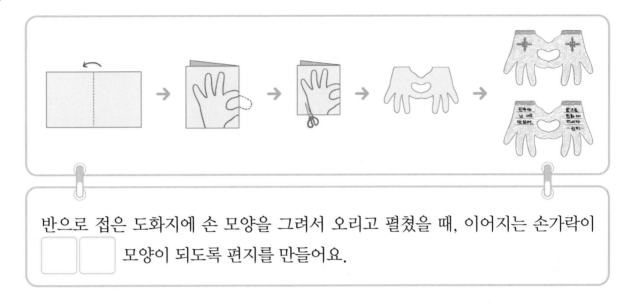

반으로 접은 도화지에 손 모양을 그려서 오리고 펼쳤을 때, 이어지는 손가락이 ☐☐ 모양이 되도록 편지를 만들어요.

2 선영이가 비밀 친구를 위해 한 일을 친구들 앞에서 발표하고 있어요. 선영이의 발표 내용으로 알맞은 붙임딱지를 붙여 보세요. 붙임딱지 ③

1 다음 어린이가 눈을 관찰하는 방법으로 알맞은 것은 어느 것인가요? (   )

① 발로 눈 밟아 보기
② 손으로 눈 뭉쳐 보기
③ 코로 눈 냄새 맡아 보기
④ 눈으로 내리는 눈 살펴보기
⑤ 돋보기로 눈의 결정 살펴보기

2 다음과 같은 겨울 놀이를 할 때 필요한 도구를 보기 에서 찾아 쓰세요.

보기
얼레   스키   고글   튜브   수영복   스케이트

(   )

(   )

3 친구를 배려하는 행동을 하는 어린이에게 ○표를 하세요.

교실 문을 살짝 열고 닫
아요.

갑자기 친구 옆에서 크게
소리를 질러요.

복도에서 친구의 앞을
가로막으며 놀아요.

4 눈싸움 놀이를 할 때 주의해야 할 점을 바르게 이야기한 어린이에게 ○표를 하세요.

눈덩이를 상대편 친구의 얼굴에 던지지 않아요. □

눈덩이를 만들 때 눈 속에 작은 돌멩이를 넣어요. □

5 다음과 같은 방법으로 하는 활동은 무엇인지 쓰세요.

▲ 친구의 이름이 적힌 쪽지 뽑기

▲ 내가 도와줄 친구 확인하기

▲ 정해진 기간 동안 아무도 모르게 친구 돕기

▲ 정해진 기간이 지나면 서로의 친구 확인하기

( )

6 다음 눈덩이를 굴려라 놀이에서 수비 편에 있는 어린이가 지켜야 할 규칙은 어느 것인가요? ( )

① 공을 굴려서 친구를 맞힌다.
② 손으로 공을 만지지 않는다.
③ 원 바깥에 둥그렇게 앉는다.
④ 친구의 무릎 위쪽은 맞히지 않는다.
⑤ 공에 맞으면 그 자리에 앉아 있는다.

생각을 넓혀요

 창의·융합·코딩 ①

일 년 중 밤이 가장 긴 동짓날

앗~, 뜨거워!

무슨 일이지?

아휴, 조심하시죠.

많이 아프세요?

무엇을 만들다 손을 데이신 거예요?

오늘이 동지라 팥죽을 만들고 있었지.

동지? 팥죽은 또 뭐야?

이그~!

동지는 일 년 중 밤이 가장 길고 낮이 가장 짧은 날로, 12월 22일에서 23일쯤이야.

예로부터 동지에는 팥죽을 끓여 먹는 풍습이 있었어.

헤헤, 그렇구나.

엄마를 도와서 같이 만들어 볼래?

좋아요.

이걸로 새알심을 만들어 보렴.

찹쌀을 새알만한 크기로 굴려서 만든 거야.

새알심이요?

3주

🔍 동지에 대해 알아봐요!

동지는 일 년 중 밤이 가장 길고, 낮이 가장 짧은 날로, 양력 12월 22일에서 23일경입니다. 동지에는 나쁜 기운을 쫓는다는 의미로 집집마다 찹쌀로 만든 단자를 나이 수만큼 넣은 팥죽을 끓여 먹었고, 나라에서는 달력을 만들어 관리들에게 나누어 주었다고 해요.

일 년 중 밤이 가장 길고 낮이 가장 짧은 날인 동지에 나쁜 기운을 쫓는다는 의미로 집집마다 만들어 먹었던 음식은?

답

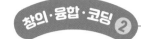
생각을 키워요

창의·융합·코딩 2

창의

1 다음 겨울 놀이에 연결된 길을 따라 도착한 곳에 알맞은 겨울 놀이 도구의 붙임딱지를 붙여 보세요. 붙임딱지 3

융합

2 다른 사람을 배려하는 행동이면 칭찬 도장을 받고, 배려하지 않는 행동이면 칭찬 도장을 받을 수 없어요. 어린이가 집에 도착할 때까지 받은 칭찬 도장의 개수를 모두 더하면 몇 개인지 쓰세요.

뒷사람을 위해 문을 잡아 주어요.

친구에게 잘못했을 때는 먼저 사과해요.

복도를 가로막고 친구와 장난을 치며 놀아요.

지나가는 친구가 불편하지 않도록 가방을 잠가요.

집 앞에 쌓인 눈을 치워요.

교실 문을 세게 열고 닫아요.

친구가 사물함을 사용하고 있으면 기다렸다가 사용해요.

도장 개수

생각을 키워요

3 찬영이네 반에서 겨울 모습 작품 전시회가 열렸어요. 코딩 명령을 따라 이동할 때 감상할 수 있는 그림에 모두 ◯표를 하세요.

코딩 명령

▶ 출발에서 이동을 시작했을 때

⬇ 방향으로 2칸 이동하기

➡ 방향으로 2칸 이동하기

⬇ 방향으로 1칸 이동하기

코딩 명령 풀이
아래쪽으로 두 칸, 오른쪽으로 두 칸, 다시 아래쪽으로 한 칸 이동해요.

창의

4 다음 그림에서 나눔과 봉사를 실천하고 있는 사람들을 찾아 ○표를 해 보세요.

이것도 챙기고, 저것도 챙기고…….

로니 왕자가 나랑 키가 비슷하니까 이 한복이 잘 맞을 거야.

진짜 나 줘도 되는 거야?

그럼~ 난 저번에 이모한테 선물 받은 한복이 한 벌 더 있거든.

찬혁아, 고마워!

로니 왕자, 나는 멋진 문양이 찍혀 있는 다식을 줄게. 짜파왕과 함께 맛있게 먹어.

와~ 아바마마께서 정말 좋아하시겠어.

또 뭐 줄 수 있는 게 없을까?

아냐, 지금 챙겨 준 것만으로도 충분해. 고마워, 얘들아.

대신 지금까지 나와 함께 대한민국에 대해 알아본 것들을 잊으면 안 돼!

꼭 기억할게!

로니 왕자와 함께 보낸 이번 겨울을 절대 잊을 순 없지!

나도 너무 그리울 것 같아.

다음에 또 놀러 올 거지?

당연하지. 그 때는 남한과 북한이 꼭 통일되어 있으면 좋겠다.

어? 이 신호는 짜짜별로 돌아오라는 귀환 신호?!

앗!

신경향 · 신유형 · 서술형 ①

1 유찬이와 친구들이 두더지 잡기 놀이를 하고 있어요. 각각의 질문에 알맞은 답이 적혀 있는 두더지를 찾아 ○표를 하세요.

우리나라의 전통 옷은?
사리　한복　기모노
킬트　치파오

우리나라의 전통 음식은?
타코　햄버거　피자
초밥　비빔밥

우리나라의 전통 집은?
아파트　이글루　기와집
게르　동굴집

우리나라를 상징하는 꽃은?
벚꽃　무궁화　목련
장미　개나리

✦ 정답 13쪽

2 다음 빈칸에 공통으로 들어갈 말을 그림 속에 숨어 있는 자음자와 모음자를 모아 써 보세요.

• 남한과 북한이 서로 하나가 되어 같은 나라가 되는 것을 ☐☐ 이라고 해요.

• 남한과 북한이 서로 자유롭게 오고 가기 위해서는 ☐☐ 이 되어야 해요.

• ☐☐ 이 되면 기차를 타고 북한을 지나 유럽까지 갈 수 있어요.

답 ☐☐

3 겨울철 날씨에 따른 생활 모습을 그린 그림을 보고, 어울리지 않는 부분을 찾아 ○ 표시를 한 후 바르게 고쳐 쓰세요.

바르게 고쳐 쓰기

4 다음 코딩 명령어를 순서대로 따라가면서 놀이 도구를 모아 보세요. 그리고 그 놀이 도구로 할 수 있는 겨울철 놀이에 ○표를 하세요.

| 출발 → | 오른쪽으로 1칸 → | 아래쪽으로 1칸 → | 아래쪽으로 1칸 → | 오른쪽으로 2칸 → | 아래쪽으로 1칸 |

출발!

| 스키 | 스케이트 | 팽이치기 | 딱지치기 | 연날리기 |

1 다음과 같은 방법으로 하는 놀이의 이름은 무엇인가요? (   )

1번 칸에 돌을 던진 후 8번까지 한 발 또는 두 발로 뛰어요.

출발선으로 돌아오는 길에 1번 칸에 있는 자신의 돌을 주워요.

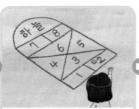
2번 칸에 돌을 던져 같은 방법으로 놀이를 계속해요.

돌이나 발이 선에 닿으면 상대편이 놀이를 해요.

① 술래잡기　　② 땅따먹기　　③ 사방치기　　④ 비사치기　　⑤ 공기놀이

2 다음 종류에 맞게 우리나라의 전통 음식을 알맞게 줄로 연결하세요.

반찬	•		•	약과, 다식
과자	•		•	식혜, 수정과
음료	•		•	갈비찜, 배추김치

3 다음에서 설명하는 집을 찾아 기호를 쓰세요.

옛날 우리 조상들이 살았던 전통 집으로, 짚이나 갈대 등으로 지붕을 덮었어요.

(   )

4 다음과 같은 방법으로 태극기를 달아야 하는 날은 언제인가요? (   )

태극기를 세로로 한 폭만큼 내려서 달아요.

① 3·1절
② 현충일
③ 제헌절
④ 광복절
⑤ 개천절

5 윤호의 하루 생활 모습을 읽고, (   ) 안의 알맞은 말에 ○표를 하세요.

(1) (남한 , 북한)에 사는 윤호는 매일 아침 친구들과 함께 학교에 가요. 학교에서 2교시가 끝나면 전교생이 모여서 체조를 해요. 점심 시간에는 (2) (집 , 학교)에서 밥을 먹고, 학교 수업이 끝나면 친구들과 놀거나 학교에서 일을 하기도 해요.

마무리 학습

6 남한과 북한의 공통점을 정리해 보았어요. 빈칸에 알맞은 말을 쓰세요.

☐☐이 단군 할아버지로 같아요.

전통 옷인 ☐☐을 입어요.

설날, 추석 등과 같은 ☐☐이 같아요.

7 다음은 우리 몸의 감각을 이용하여 관찰한 얼음의 특징이에요. 얼음을 관찰한 방법으로 알맞은 것에 ○표를 하세요.

- 매우 차갑고, 단단한 느낌이 들어요.
- 손바닥 위에 올려놓으면 녹아 물이 생겨요.
- 미끌미끌한 느낌이 들어요.

눈으로 살펴보기

손으로 만져 보기

코로 냄새 맡아 보기

8 다음과 같은 생활 모습을 볼 수 있는 계절을 쓰세요.

두꺼운 옷을 입고, 목도리를 해요.

군고구마와 같은 따뜻한 음식을 먹어요.

난로를 틀어 몸을 따뜻하게 해요.

( )

9 다음 그림 속 놀이를 할 때 필요한 도구를 두 가지 고르세요. ( )

①
▲ 연과 얼레

②
▲ 헬멧

③
▲ 고글

④
▲ 스케이트

⑤
▲ 플라스틱 썰매

10 친구를 배려하는 행동으로 알맞으면 ○표, 알맞지 않으면 ×표를 하세요.

친구의 앞을 가로막으며 복도에서 놀아요.

(   )

큰 소리를 질러 친구가 놀라게 해요.

(   )

친구에게 잘못했을 때 먼저 사과해요.

(   )

11 다음 작품에서 겨울 풍경을 표현한 방법으로 알맞은 것은 어느 것인가요? (   )

① 사포에 크레파스로 그림을 그렸어요.
② 도화지에 소금을 뿌린 후 털어 내었어요.
③ 그림을 그리고 색 솜, 수수깡 등을 붙였어요.
④ 그림을 그리고 오려서 검은 도화지에 붙였어요.
⑤ 종이를 반으로 접어 자른 뒤 입체 카드를 만들었어요.

12 눈덩이를 굴려라 놀이를 하는 모습을 보고, 공격 편과 수비 편에 속한 어린이의 기호를 각각 쓰세요.

공격 편

수비 편

1 다음 어린이들이 입고 있는 옷에 대한 설명으로 알맞지 <u>않은</u> 것은 어느 것인가요?

(   )

① 옷을 입는 순서가 간편해요.
② 우리나라를 대표하는 옷이에요.
③ 옷을 입고 활동하기가 불편해요.
④ 몸에 붙지 않고 바람이 잘 통하여 건강에 좋아요.
⑤ 여자는 저고리와 치마를 입고, 남자는 저고리와 바지를 입어요.

2 다음 사진 속 물건들에서 공통으로 찾아볼 수 있는 것은 무엇인지 쓰세요.

▲ 다식

▲ 복주머니

▲ 한옥 천장

▲ 노리개

(   )

3 다음은 애국가의 노랫말이에요. 빈칸에 알맞은 말을 쓰세요.

1절	동해 물과 ☐☐☐ 이 마르고 닳도록 하느님이 보우하사 우리나라 만세
2절	☐☐ 위에 저 소나무 철갑을 두른 듯 바람 서리 불변함은 우리 기상일세
3절	가을 하늘 공활한데 높고 구름 없이 밝은 ☐ 은 우리 가슴 일편단심일세
4절	이 기상과 이 맘으로 충성을 다하여 괴로우나 즐거우나 ☐☐ 사랑하세
후렴	☐☐☐ 삼천리 화려 강산 대한 사람 대한으로 길이 보전하세

4 다음 중 무궁화의 모양을 본떠서 만든 물건이 <u>아닌</u> 것은 어느 것인가요? (   )

①
국민 훈장

②
국회의원 배지

③
나라 문장

④
내소사 문살

⑤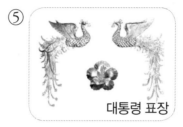
대통령 표장

5 남한과 북한의 생활 모습을 알맞게 줄로 연결하세요.

남한의 생활 모습	•		•	여행을 자유롭게 다니고, 어린이날이 5월 5일이에요.
북한의 생활 모습	•		•	소년단 간부를 임명하고, 일하는 곳을 정해 줘요.

6 통일이 되면 할 수 있는 일을 바르게 이야기한 어린이의 이름을 쓰세요.

북한으로 여행을 갈 수 없을 거예요.
이솜

많은 가족들이 헤어지게 될 거예요.
해솔

우리나라가 더 이상 발전하지 못할 거예요.
수아

기차를 타고 유럽까지 갈 수 있을 거예요.
주원

(   )

마무리 학습

7 다음 어린이들이 하고 있는 놀이의 이름은 무엇인가요? (　　　　)

① 딱지치기
② 팽이치기
③ 제기차기
④ 연날리기
⑤ 비사치기

8 겨울을 건강하게 보낼 수 있는 방법으로 알맞은 것에 모두 ○표를 하세요.

피부가 건조하지 않게 보습제를 발라요.

얇고 바람이 잘 통하는 옷을 입어요.

하루에 세 번 이상 창문을 열어요.

9 다음 친구들이 관찰하고 있는 것은 무엇인지 쓰세요.

▲ 손으로 만져 보기　　▲ 눈으로 살펴보기　　▲ 밟아 보기　　▲ 돋보기로 관찰하기

(　　　　　　　　　)

10 오른쪽 사진 속 눈사람을 만들 때 이용한 재료로 알맞은 것은 어느 것인가요? (   )

① 골판지   ② 종이컵

③ 스티로폼 공   ④ 요구르트 병

⑤ 플라스틱 뚜껑

11 다음과 같이 운동장에서 눈싸움 놀이를 할 때 주의할 점을 알맞게 이야기한 어린이의 이름을 쓰세요.

 친구의 얼굴을 향해 눈을 던져요.
현우

 눈 속에 돌멩이를 넣고 뭉쳐요.
다빈

 눈덩이를 적당한 크기로 만들어요.
현규

(   )

마무리
학습

12 다음 중 이웃을 돕는 모습으로 알맞은 것에 모두 ○표를 하세요.

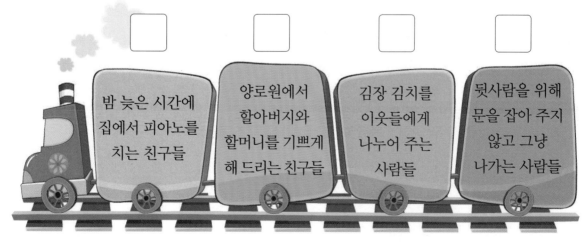

밤 늦은 시간에 집에서 피아노를 치는 친구들

양로원에서 할아버지와 할머니를 기쁘게 해 드리는 친구들

김장 김치를 이웃들에게 나누어 주는 사람들

뒷사람을 위해 문을 잡아 주지 않고 그냥 나가는 사람들

1 다음 중 어린이들이 술래잡기 놀이를 하는 모습을 찾아 기호를 쓰세요.

ㄱ    ㄴ    ㄷ

(   )

2 오른쪽 꽃에 대한 설명으로 알맞지 <u>않은</u> 것은 어느 것인가요? (   )

① 우리나라 어디서나 잘 자라요.
② 우리나라를 상징하는 꽃이에요.
③ 꽃잎의 색깔은 분홍색 한 가지예요.
④ 나라 문장, 국민 훈장 등에 모양을 활용하고 있어요.

3 다음 그림 속 놀이를 할 때 남한과 북한에서 부르는 노래를 알맞게 줄로 연결하세요.

남한 •

북한 •

• 파주 다리 빼기

• 황해도 다리 빼기

4 겨울철 추위를 이겨 낼 수 있는 도구로 알맞은 것은 어느 것인가요? (   )

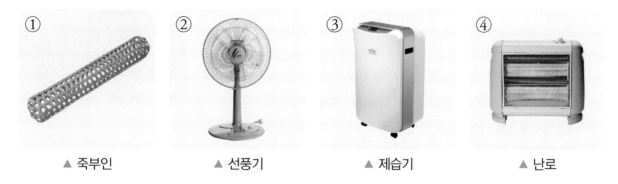

① ▲ 죽부인   ② ▲ 선풍기   ③ ▲ 제습기   ④ ▲ 난로

5 다음 ㉠~㉢ 어린이들이 하고 있는 놀이의 이름을 쓰세요.

㉠: (   ) ㉡: (   ) ㉢: (   )

6 다음과 같이 비밀 친구에게 편지를 전할 때 편지에 쓸 수 있는 내용으로 알맞은 것에
○표를 하세요.

다빈아, 너는 항상
친절하고 웃는 모습이
정말 예뻐.

승우야, 저번에 네가
지우개를 빌려주지 않아서
너무 속상했어.

마무리
학습

학력 진단 TEST

1 오른쪽 집에 대한 설명으로 알맞은 것을 두 가지 고르세요. (   )

① 초가집이에요.

② 우리 조상들이 살던 집이에요.

③ 시멘트, 유리, 돌 등의 재료로 지었어요.

④ 마루와 처마가 있어 여름철에 시원하게 지낼 수 있어요.

2 태극기의 각 부분에 담긴 의미를 알맞게 줄로 연결하세요.

4괘	·		·	음과 양의 조화
태극	·		·	하늘, 땅, 물, 불
흰색 바탕	·		·	밝음과 순수, 평화를 사랑하는 우리의 민족성

3 통일이 된 우리나라에서 하고 싶은 것을 그린 작품에 ○표를 하세요.

서울숲 소풍

금강산 여행

부산에서의 물놀이

(   ) (   ) (   )

4 겨울에 볼 수 있는 모습으로 알맞은 것을 찾아 기호를 쓰세요.

( )

5 다음과 같은 방법으로 만든 눈사람은 어느 것인가요? ( )

띠 골판지를 돌돌 말아서 눈사람의 얼굴과 몸을 만든 후, 다양한 색깔의 골판지로 모자, 목도리, 팔 등을 만들어요.

6 다음과 같은 방법으로 하는 활동은 무엇인지 쓰세요.

친구들의 이름이 적힌 쪽지 중 하나를 뽑아요. → 내가 몰래 도와줄 친구의 이름을 확인해요.

정해진 시간 동안 아무도 모르게 친구를 도와줘요. → 정해진 시간이 지나면 서로 친구를 확인해요.

( )

memo

정답

차례

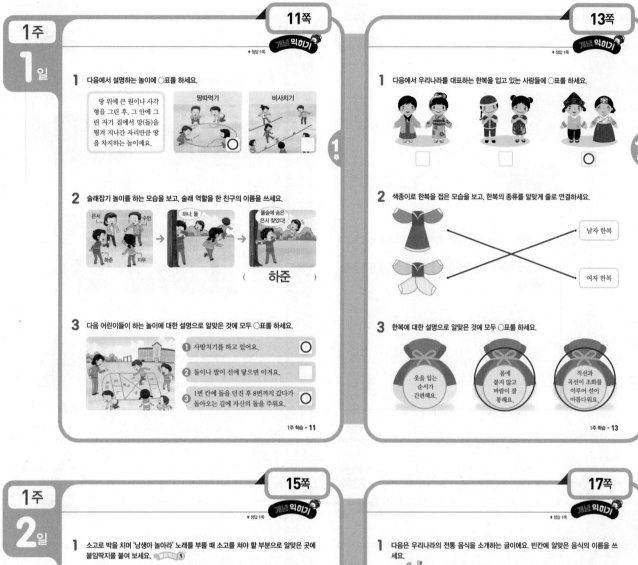

개념 익히기

1 다음에서 설명하는 놀이에 ○표를 하세요.

땅 위에 큰 원이나 사각형을 그린 후, 그 안에 그린 자기 집에서 땅(돌)을 튕겨 지나간 자리만큼 땅을 차지하는 놀이예요.

땅따먹기 ○

비사치기

2 술래잡기 놀이를 하는 모습을 보고, 술래 역할을 한 친구의 이름을 쓰세요.

(하준)

3 다음 어린이들이 하는 놀이에 대한 설명으로 알맞은 것에 모두 ○표를 하세요.

① 사방치기를 하고 있어요. ○

② 돌이나 발이 선에 닿으면 이겨요.

③ 1번 칸에 돌을 던진 후 8번까지 갔다가 돌아오는 길에 자신의 돌을 주워요. ○

1주 학습 • 11

개념 익히기

1 다음에서 우리나라를 대표하는 한복을 입고 있는 사람들에 ○표를 하세요.

□   □   ○

2 색종이로 한복을 접은 모습을 보고, 한복의 종류를 알맞게 줄로 연결하세요.

남자 한복

여자 한복

3 한복에 대한 설명으로 알맞은 것에 모두 ○표를 하세요.

옷을 입는 순서가 간편해요.

몸에 붙지 않고 바람이 잘 통해요.

직선과 곡선이 조화를 이루어 선이 아름다워요.

1주 학습 • 13

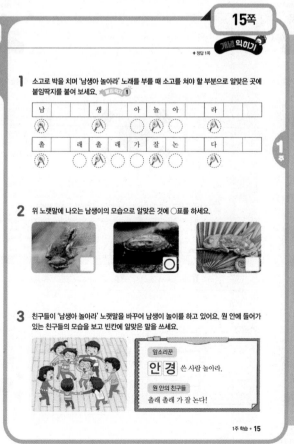

개념 익히기

1 소고로 박을 치며 '남생아 놀아라' 노래를 부를 때 소고를 쳐야 할 부분으로 알맞은 곳에 붙임딱지를 붙여 보세요.

남		생	아	놀	아		라

졸		래	졸	래	가	잘	논		다

2 위 노랫말에 나오는 남생이의 모습으로 알맞은 것에 ○표를 하세요.

○

3 친구들이 '남생아 놀아라' 노랫말을 바꾸어 남생이 놀이를 하고 있어요. 원 안에 들어가 있는 친구들의 모습을 보고 빈칸에 알맞은 말을 쓰세요.

암소리꾼
안경 쓴 사람 놀아라.

원 안의 친구들
졸래 졸래 가 잘 논다!

1주 학습 • 15

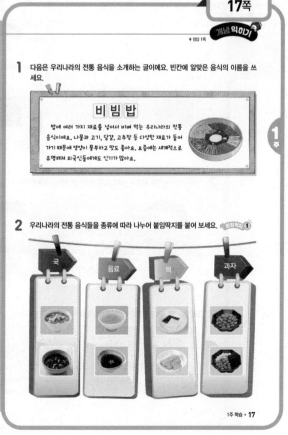

개념 익히기

1 다음은 우리나라의 전통 음식을 소개하는 글이에요. 빈칸에 알맞은 음식의 이름을 쓰세요.

비빔밥

밥에 여러 가지 재료를 넣어서 비벼 먹는 우리나라의 전통 음식이에요. 나물과 고기, 달걀, 고추장 등 다양한 재료가 들어가기 때문에 영양이 풍부하고 맛도 좋아요. 요즘에는 세계적으로 유명해져 외국인들에게도 인기가 많아요.

2 우리나라의 전통 음식들을 종류에 따라 나누어 붙임딱지를 붙여 보세요.

국   음료   떡   과자

1주 학습 • 17

1주 3일

1 우리 조상들이 사용했던 그릇의 특징을 알맞게 줄로 연결하세요.

백자 청화초화문 필통

청자 상감당초문 완

연대를 알 수 있는
상감청자 중에서 가장
오래된 것이에요.

종이를 담아 두는 통
중에 형태나 문양 등이
매우 빼어난 작품이에요.

2 다음과 같은 방법으로 그릇을 만들 때 완성된 그릇의 모습으로 알맞은 것에 ○표를 하세요.

만드는 방법

지점토로 둥근 밑판을 만들어요.
↓
공처럼 만든 지점토를 손바닥으로 굴려
뱀처럼 길게 늘여요.
↓
길게 늘인 지점토를 밑판에 말아 올리며 다듬어요.
↓
색점토로 무늬를 만들어 붙여 완성해요.

○

1주 학습 • 19

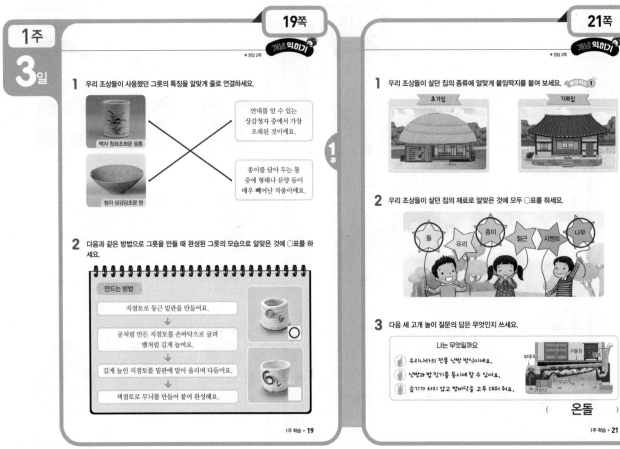

1 우리 조상들이 살던 집의 종류에 알맞게 붙임딱지를 붙여 보세요.

초가집

기와집

2 우리 조상들이 살던 집의 재료로 알맞은 것에 모두 ○표를 하세요.

돌   유리   종이   철근   시멘트   나무

3 다음 세 고개 놀이 질문의 답은 무엇인지 쓰세요.

나는 무엇일까요

우리나라의 전통 난방 방식이에요.
난방과 밥 짓기를 동시에 할 수 있어요.
습기가 차지 않고 방바닥을 고루 데워 줘요.

(온돌)

1주 학습 • 21

1주 4일

1 우리나라의 전통 문양에서 주로 볼 수 있는 다음의 다섯 가지 색깔을 무엇이라고 하는지 쓰세요.

(오방 정색)

2 다음 그림에서 전통 문양을 사용한 물건 세 가지를 찾아 ○표를 하세요.

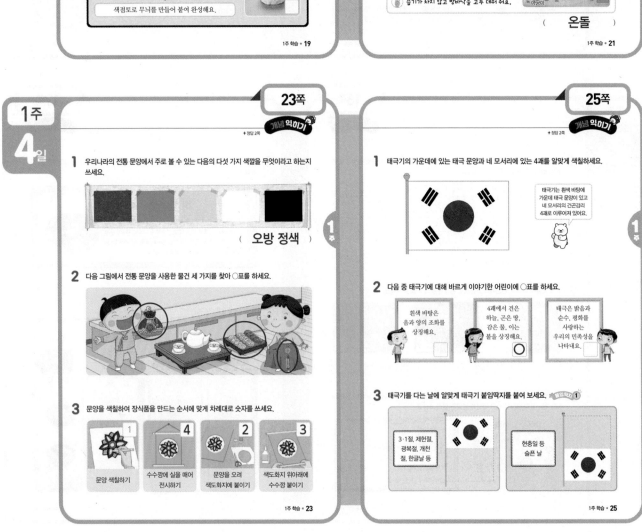

3 문양을 색칠하여 장식품을 만드는 순서에 맞게 차례대로 숫자를 쓰세요.

1 문양 색칠하기
4 수수깡에 실을 매어 전시하기
2 문양을 오려 색도화지에 붙이기
3 색도화지 위아래에 수수깡 붙이기

1주 학습 • 23

1 태극기의 가운데에 있는 태극 문양과 네 모서리에 있는 4괘를 알맞게 색칠하세요.

태극기는 흰색 바탕에
가운데 태극 문양이 있고
네 모서리의 건곤감리
4괘로 이루어져 있어요.

2 다음 중 태극기에 대해 바르게 이야기한 어린이에 ○표를 하세요.

흰색 바탕은
음과 양의 조화를
상징해요.

4괘에서 건은
하늘, 곤은 땅,
감은 물, 이는
불을 상징해요. ○

태극은 밝음과
순수, 평화를
사랑하는
우리의 민족성을
나타내요.

3 태극기를 다는 날에 알맞게 태극기 붙임딱지를 붙여 보세요.

3·1절, 제헌절,
광복절, 개천
절, 한글날 등

현충일 등
슬픈 날

1주 학습 • 25

개념 익히기

+ 정답 3쪽

1 다음 세 가지 힌트 카드를 보고 알 수 있는 노래는 무엇인지 쓰세요.

▶ 첫 번째 힌트	▶ 두 번째 힌트	▶ 세 번째 힌트
우리나라를 나타내는 노래예요.	'나라를 사랑하는 노래'라는 뜻이에요.	1~4절과 후렴으로 이루어져 있어요.

(**애국가**)

2 다음은 애국가 노랫말의 일부예요. 빈칸에 알맞은 노랫말의 자음자와 모음자를 따라 스마트폰의 패턴을 표시해 보세요.

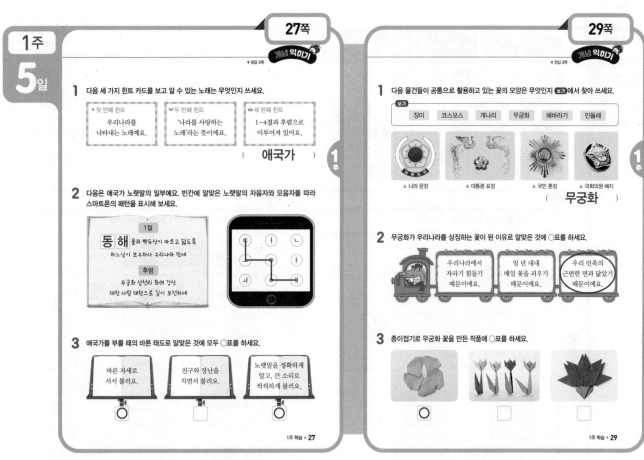

1절
동 해 물과 백두산이 마르고 닳도록
하느님이 보우하사 우리나라 만세

후렴
무궁화 삼천리 화려 강산
대한 사람 대한으로 길이 보전하세

3 애국가를 부를 때의 바른 태도로 알맞은 것에 모두 ○표를 하세요.

바른 자세로 서서 불러요.	친구와 장난을 치면서 불러요.	노랫말을 정확하게 알고, 큰 소리로 씩씩하게 불러요.
○	□	○

1주 학습 • 27

개념 익히기

+ 정답 3쪽

1 다음 물건들이 공통으로 활용하고 있는 꽃의 모양은 무엇인지 보기 에서 찾아 쓰세요.

보기

장미	코스모스	개나리	무궁화	해바라기	민들레

▲ 나라 문장   ▲ 대통령 표장   ▲ 국민 훈장   ▲ 국회의원 배지

(**무궁화**)

2 무궁화가 우리나라를 상징하는 꽃이 된 이유로 알맞은 것에 ○표를 하세요.

우리나라에서 자라기 힘들기 때문이에요.	일 년 내내 매일 꽃을 피우기 때문이에요.	우리 민족의 근면한 면과 닮았기 때문이에요.

3 종이접기로 무궁화 꽃을 만든 작품에 ○표를 하세요.

○	□	□

1주 학습 • 29

1주 누구나 **100점** TEST

+ 정답 3쪽

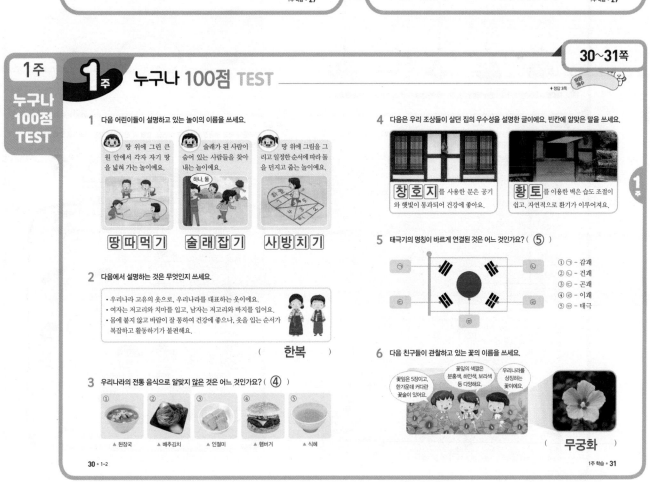

1 다음 어린이들이 설명하고 있는 놀이의 이름을 쓰세요.

땅 위에 그린 큰 원 안에서 각자 자기 땅을 넓혀 가는 놀이예요.	술래가 된 사람이 숨어 있는 사람들을 찾아 내는 놀이예요.	땅 위에 그림을 그리고 일정한 순서에 따라 돌을 던지고 줍는 놀이예요.
땅따먹기	**술래잡기**	**사방치기**

2 다음에서 설명하는 것은 무엇인지 쓰세요.

• 우리나라 고유의 옷으로, 우리나라를 대표하는 옷이에요.
• 여자는 저고리와 치마를 입고, 남자는 저고리와 바지를 입어요.
• 몸에 붙지 않고 바람이 잘 통하여 건강에 좋으나, 옷을 입는 순서가 복잡하고 활동하기가 불편해요.

(**한복**)

3 우리나라의 전통 음식으로 알맞지 <u>않은</u> 것은 어느 것인가요? (④)

① ▲ 된장국 ② ▲ 배추김치 ③ ▲ 인절미 ④ ▲ 햄버거 ⑤ ▲ 식혜

4 다음은 우리 조상들이 살던 집의 우수성을 설명한 글이에요. 빈칸에 알맞은 말을 쓰세요.

창호지 를 사용한 문은 공기와 햇빛이 통과되어 건강에 좋아요.

황토 를 이용한 벽은 습도 조절이 쉽고, 자연적으로 환기가 이루어져요.

5 태극기의 명칭이 바르게 연결된 것은 어느 것인가요? (⑤)

① ㉠ - 감괘
② ㉡ - 건괘
③ ㉢ - 곤괘
④ ㉣ - 이괘
⑤ ㉤ - 태극

6 다음 친구들이 관찰하고 있는 꽃의 이름을 쓰세요.

꽃잎은 5장이고, 한가운데 커다란 꽃술이 있어요.

꽃잎의 색깔은 분홍색, 하얀색, 보라색 등 다양해요.

우리나라를 상징하는 꽃이에요.

(**무궁화**)

1주 창의·융합·코딩

불국사는 부처의 나라를 이루려는 마음을 담아 지은 절이야.

여기 불국사 삼층 석탑이랑 다보탑도 있어!

불국사를 둘러봤으니 이제는 석굴암으로 가 보자!

어서 들어가서 구경해 보자!

어? 저건 십 원짜리 동전에서 봤던 건데.

너무 힘들어.

하하~ 맞아.

🔍 우리나라의 유네스코 세계 유산에 대해 알아봐요!

유네스코는 세계 여러 나라가 교육, 과학, 문화 등의 분야에서 다양한 교류를 하며 세계 평화를 추구하도록 하는 국제기구로, 유네스코에서는 세계적으로 보호해야 할 문화유산을 지정해요. 우리나라의 대표적인 유네스코 지정 문화유산에는 불국사와 석굴암, 수원 화성, 판소리, 「훈민정음」 등이 있어요.

퀴즈 팡! 우리나라의 유네스코 세계 유산 중에서 부처의 나라를 이루려는 마음을 담아 지은 절은?

답 **불 국 사**

1 [코딩]
다섯 개의 음식 카드가 있어요. 주어진 질문에 맞게 음식을 차례대로 분류하여 빈칸에 알맞은 음식 붙임딱지를 붙여 보세요. [붙임딱지 ①]

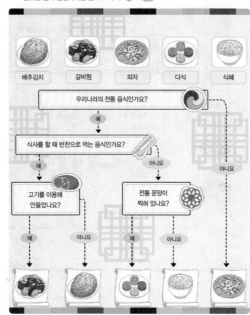

배추김치 갈비찜 피자 다식 식혜

우리나라의 전통 음식인가요?
예

식사를 할 때 반찬으로 먹는 음식인가요?
예 / 아니요

고기를 이용해 만들었나요?
전통 문양이 찍혀 있나요?

예 / 아니요 / 예 / 아니요

2 [융합]
우리나라의 전통 집에 대한 설명이 알맞게 쓰여 있는 항아리를 모두 찾고, 그 안에 있는 화살의 개수를 모두 합하여 빈칸에 알맞은 숫자를 쓰세요.

항아리의 화살을 모두 모으면 총 **5** 개예요.

기와집, 초가집 등이 있어요.

주변에서 쉽게 구할 수 있는 재료로 만들었어요.

화장실은 주로 집 안에 있어요.

보일러를 이용해 난방을 하였어요.

처마, 마루 등이 있어 여름철을 시원하게 보낼 수 있어요.

유리를 이용해 창문을 만들었어요.

3 [창의]
종이에 적혀 있는 애국가의 노랫말을 보고, 빈칸에 들어갈 노랫말이 알맞게 완성되도록 돌을 따라가며 집까지 가는 길을 그려 보세요.

동해 물과 백두산이 마르고 닳도록 하느님이 보우하사 우리나라 만세

대한 사람 대한으로 길이 보전하세

출발!

무 가 우 시 성 차
고 화 석 유 은 충
오 안 전 바 람 성
남 산 길 화 려 을
하 늘 상 기 강 산

4 [창의]
친구들이 학교 운동장에서 놀고 있어요. 그림 속 친구들에 대한 설명으로 알맞으면 ○표, 알맞지 않으면 ✕표를 하세요.

태극기 앞에 서 있어요. ○

술래잡기를 하면서 술래가 되어 물숨에 숨었어요. ✕

번호 순서대로 돌을 던지고 주우며 사방치기를 하고 있어요. ○

장미꽃을 바라보며 미소 짓고 있어요. ✕

돌멩이를 가지고 공기놀이를 하고 있어요. ✕

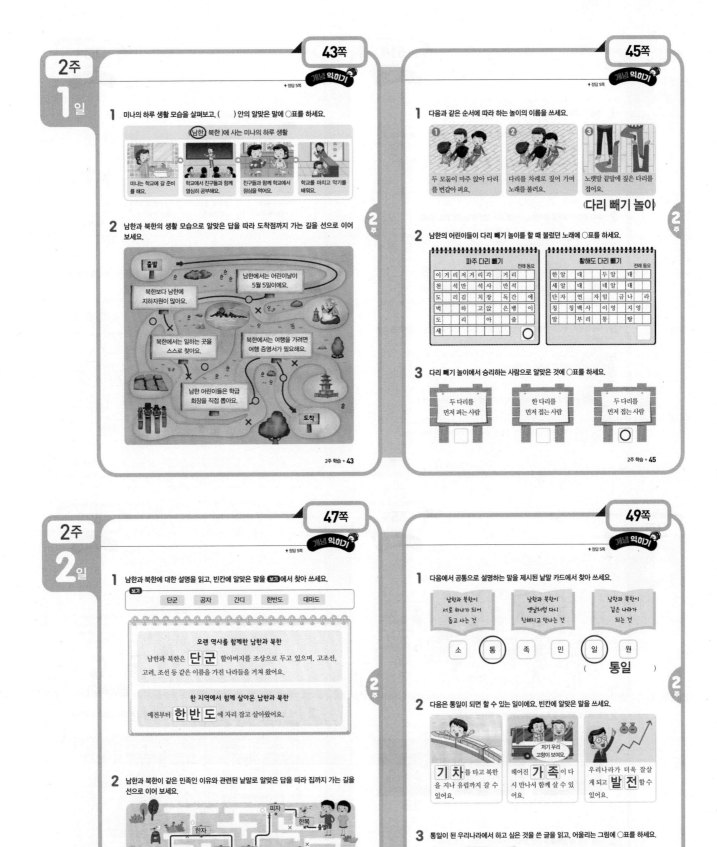

정답

2주 3일

개념 익히기

+ 정답 6쪽

1 다음 세 고개 놀이 질문의 답은 무엇인지 쓰세요.

나는 무엇일까요?

👊 나는 물로 만들어졌어요.

✌ 나를 음료수에 넣으면 음료수가 시원해져요.

✌ 겨울이 되면 추워져서 밖에서도 나를 볼 수 있어요.

답을 쓰세요

얼음

2 우리 주변의 얼음을 살펴보는 모습을 보고, 빈칸에 알맞은 말을 쓰세요.

나뭇가지에 얼음이 맺혀 있어요.

처마 밑에 **고드름** 이 매달려 있어요.

호수 가 얼어 있어요.

길 에 얼음이 얼어 있어요.

3 다음과 같이 얼음을 관찰할 수 있는 우리 몸의 감각 기관으로 알맞은 붙임딱지를 붙여 보세요. 붙임딱지 2

아무런 냄새가 나지 않아요.

일정한 모양이 있으며, 겉은 투명하지만 속은 하얀색이에요.

매우 차갑고 단단하며, 손바닥 위에 올려놓으면 녹아 물이 생겨요.

2주 학습 • 51

개념 익히기

+ 정답 6쪽

1 다음과 같은 방법으로 만드는 놀이 도구의 이름을 보기 에서 찾아 쓰세요.

보기 팽이 딱지 연 썰매 제기 윷

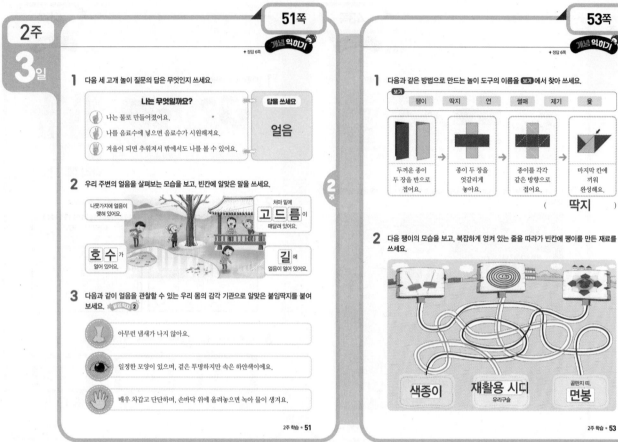

두꺼운 종이 두 장을 반으로 접어요.

종이 두 장을 엇갈리게 놓아요.

종이를 각각 같은 방향으로 접어요.

마지막 칸에 끼워 완성해요.

(**딱지**)

2 다음 팽이의 모습을 보고, 복잡하게 엉켜 있는 줄을 따라가 빈칸에 팽이를 만든 재료를 쓰세요.

색종이

재활용 시디 유리구슬

골판지 띠, **면봉**

2주 학습 • 53

2주 4일

개념 익히기

+ 정답 6쪽

1 다음 그림에서 딱지치기를 하고 있는 어린이들의 모습에 ○표를 하세요.

바깥에서 아이들이 신나게 겨울 놀이를 하고 있어요.

○

2 딱지치기 규칙을 알맞게 설명한 어린이의 이름을 쓰세요.

현우: 가위바위보에서 이긴 사람이 땅바닥에 자기 딱지 한 장을 놓아요.

다빈: 자기 차례가 오면 자기 딱지로 상대방의 딱지를 아래에서 위로 들어올려요.

현규: 딱지를 쳐서 상대방의 딱지가 뒤집어지면 그 딱지를 가져요.

(**현규**)

3 다음 그림 속 팽이를 돌리는 방법으로 알맞은 것에 ○표를 하세요.

재활용 팽이

❶ 팽이에 팽이채를 돌돌 말아서 힘껏 돌려요.

❷ 시디의 가운데에 붙인 구슬을 잡고 힘껏 돌려요. ○

2주 학습 • 55

개념 익히기

+ 정답 6쪽

1 다음 노랫말을 읽고, 노래의 제목으로 알맞은 놀이의 이름을 쓰세요.

예전부터 전해 내려온 우리나라의 대표적인 겨울 놀이 중 하나예요.

(**팽이치기**)

2 다음 균형 잡기 방법에 연결된 사다리를 타고 내려가 빈칸에 균형 잡기 그림으로 알맞은 붙임딱지를 붙여 보세요. 붙임딱지 2

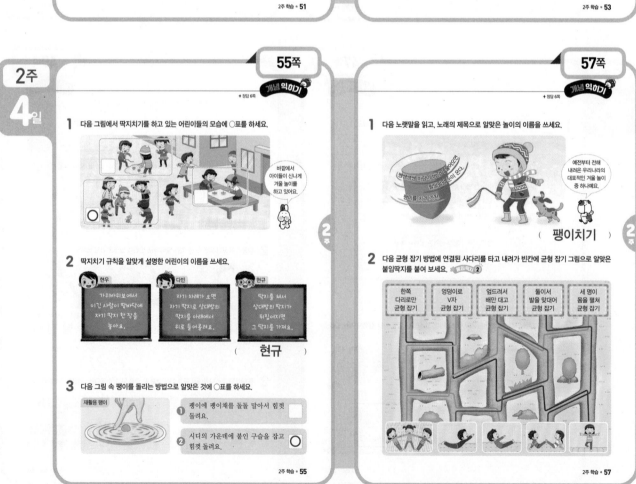

| 한쪽 다리로만 균형 잡기 | 엉덩이로 V자 균형 잡기 | 엎드려서 배만 대고 균형 잡기 | 돌아서 발을 맞대어 균형 잡기 | 세 명이 몸을 펼쳐 균형 잡기 |

2주 학습 • 57

2주 5일

59쪽

개념 익히기
+ 정답 7쪽

1 다음 계절 카드 중 겨울과 관련된 것에 ○표를 하세요.

2 겨울철 사람들의 생활 모습에 대한 설명을 읽고, 빈칸에 알맞은 말을 쓰세요.

눈 오는 날을 대비해 **제설함** 을 설치해요.

군고구마 같은 따뜻한 음식을 사 먹어요.

3 겨울 날씨의 특징에 알맞은 생활 도구의 붙임딱지를 각각 붙여 보세요.

추워요 / 땅이 얼어요 / 건조해요

2주 학습 • 59

61쪽

개념 익히기
+ 정답 7쪽

1 겨울에 생길 수 있는 건강 문제를 알맞게 이야기한 어린이에 ○표를 하세요.

추운 날씨로 감기에 걸리기 쉬워요. ○

지나친 에어컨 사용으로 냉방병에 걸릴 수 있어요.

차가운 음식을 많이 먹어 배탈이 날 수 있어요.

2 겨울을 건강하게 보내기 위한 방법으로 알맞으면 ☺, 알맞지 않으면 ☹ 붙임딱지를 붙여 보세요.

날씨가 추우니 창문을 열지 않아요. ☺

피부가 건조하지 않게 보습제를 발라요. ☺

짧고 바람이 잘 통하는 옷을 입어요. ☹

물을 자주 마셔요. ☺

3 다음과 같은 방법으로 간단하게 만들 수 있는 생활 도구는 무엇인지 쓰세요.

▲ 플라스틱 통 준비하기 → 통 위에 나무젓가락 놓기 → 휴지나 천 조각 걸기 → 반쯤 잠기게 통에 물 넣기

(간이) 가습기

2주 학습 • 61

62~63쪽

2주 누구나 100점 TEST

정답 개수
+ 정답 7쪽

1 북한의 생활 모습으로 알맞은 것에 ○표를 하세요.

어린이날이 5월 5일이에요. ( )

여행을 가려면 여행 증명서가 필요해요. (○)

일하는 곳을 스스로 찾아요. ( )

2 다음 ㉠~㉤에 들어갈 말이 바르게 연결되지 않은 것은 어느 것인가요? (①)

남한과 북한이 같은 민족인 이유

문자 — 남한과 북한 모두 ㉠ 을 사용해요.

풍습 — ㉡ , 풀물놀이, 연날리기 등의 풍습이 같아요.

문화 — ㉢ 을 입고 ㉣ 를 먹으며, ㉤, 추석 등의 명절이 같아요.

① ㉠-영어 ② ㉡-태권도 ③ ㉢-한복 ④ ㉣-김치 ⑤ ㉤-설날

3 다음 글을 읽고, 빈칸에 알맞은 말을 쓰세요.

통일 이 되면 할 수 있는 일

북한으로 여행을 갈 수 있어요.

헤어진 가족을 다시 만날 수 있어요.

4 오른쪽 그림과 같은 방법으로 관찰하여 알 수 있는 얼음의 특징을 두 가지 고르세요. (①, ④)

① 일정한 모양이 있어요.
② 매우 차갑고 단단해요.
③ 아무런 냄새가 나지 않아요.
④ 겉은 투명하지만 속은 하얀색이에요.
⑤ 손바닥 위에 올려놓으면 녹아 물이 생겨요.

눈으로 관찰하기

5 다음과 같이 다양한 재료를 이용해 만들 수 있는 놀이 도구는 무엇인지 쓰세요.

(**팽이**)

6 겨울 날씨의 특징에 따라 필요한 생활 도구를 알맞게 줄로 연결하세요.

건조해요 ╳ ▲ 장갑 / 귀마개

춥고 바람이 불어요 ╳ ▲ 보습제 / 가습기

62 • 1·2

2주 학습 • 63

정답 • 7

정답

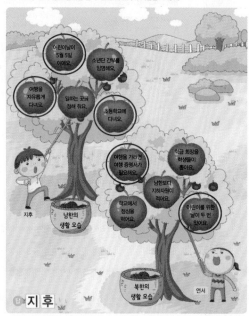

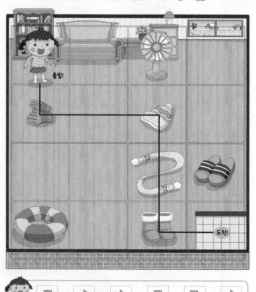

75쪽

개념 익히기

+ 정답 9쪽

1 눈이 내리는 날 해 보았던 일을 바르게 이야기하지 못한 어린이의 이름을 쓰세요.

수진
가족과 함께 눈사람을 만들었어요.

영민
가족과 함께 바다로 물놀이를 갔어요.

철우
친구들과 신나게 눈싸움을 했어요.

(영민)

2 다음 어린이들이 눈을 살펴보는 모습을 보고, 빈칸에 알맞은 말을 쓰세요.

눈을 **손** 으로 뭉쳐서 만져 보아요.

눈을 **돋보기** 로 자세히 관찰해 보아요.

3 종이접기로 눈 결정을 만드는 순서예요. 빈칸에 들어갈 눈 결정 모양으로 알맞은 붙임딱지를 붙여 보세요.

3주 학습 · **75**

77쪽

개념 익히기

+ 정답 9쪽

1 다음 겨울 놀이에 필요한 도구로 알맞은 것을 줄로 연결하세요.

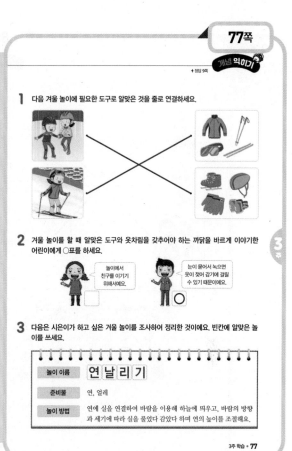

2 겨울 놀이를 할 때 알맞은 도구와 옷차림을 갖추어야 하는 까닭을 바르게 이야기한 어린이에게 ○표를 하세요.

놀이에서 친구를 이기기 위해서예요.

눈이 묻어서 녹으면 옷이 젖어 감기에 걸릴 수 있기 때문이에요.
○

3 다음은 시은이가 하고 싶은 겨울 놀이를 조사하여 정리한 것이에요. 빈칸에 알맞은 놀이를 쓰세요.

놀이 이름	**연 날 리 기**
준비물	연, 얼레
놀이 방법	연에 실을 연결하여 바람을 이용해 하늘에 띄우고, 바람의 방향과 세기에 따라 실을 풀었다 감았다 하며 연의 높이를 조절해요.

3주 학습 · **77**

79쪽

개념 익히기

+ 정답 9쪽

1 책상 위에 있는 재료를 이용하여 만들 수 있는 눈사람의 모습을 찾아 선으로 이어 보세요.

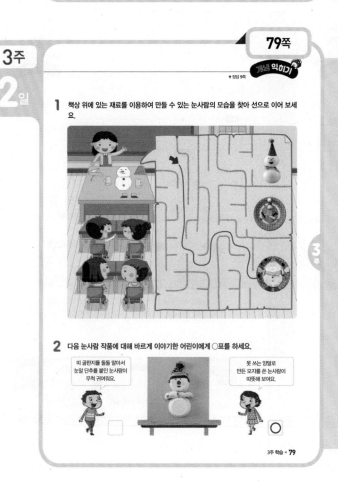

2 다음 눈사람 작품에 대해 바르게 이야기한 어린이에게 ○표를 하세요.

띠 골판지를 돌돌 말아서 눈알 단추를 붙인 눈사람이 무척 귀여워요.

못 쓰는 양말로 만든 모자를 쓴 눈사람이 따뜻해 보여요.
○

3주 학습 · **79**

81쪽

개념 익히기

+ 정답 9쪽

1 다음 그림에서 다른 사람을 배려하는 모습에 붙임딱지를 붙여 보세요.

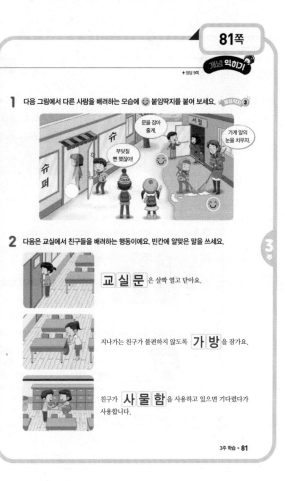

2 다음은 교실에서 친구들을 배려하는 행동이에요. 빈칸에 알맞은 말을 쓰세요.

교 실 문 은 살짝 열고 닫아요.

지나가는 친구가 불편하지 않도록 **가 방** 을 잠가요.

친구가 **사 물 함** 을 사용하고 있으면 기다렸다가 사용합니다.

3주 학습 · **81**

3주 3일

1 다음 어린이가 눈싸움 놀이를 할 때 지켜야 할 점을 바르게 줄로 연결하세요.

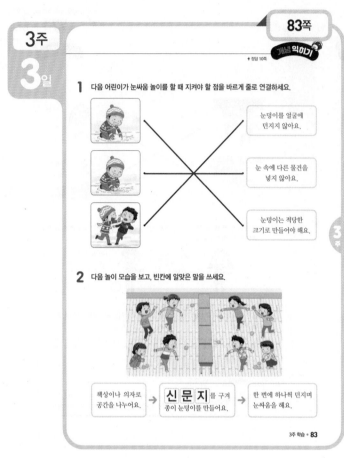

눈덩이를 얼굴에 던지지 않아요.

눈 속에 다른 물건을 넣지 않아요.

눈덩이는 적당한 크기로 만들어야 해요.

2 다음 놀이 모습을 보고, 빈칸에 알맞은 말을 쓰세요.

책상이나 의자로 공간을 나누어요. → **신문지** 를 구겨 종이 눈덩이를 만들어요. → 한 번에 하나씩 던지며 눈싸움을 해요.

3주 학습 • 83

1 사다리를 타고 내려가 어린이들이 떠올린 겨울 장면이 그려져 있는 붙임딱지를 붙여 보세요.

아빠와 스키장에서 스키를 탔던 일이 생각나요.

가족과 함께 호수에서 얼음낚시를 했던 일이 생각나요.

눈 내리던 날의 풍경이 기억에 남아요.

2 다음 어린이가 만든 작품으로 알맞은 것에 ○표를 하세요.

흰 도화지에 밑그림을 그리고 색칠한 후 가위로 하나씩 오려서 검은 도화지에 풀로 붙였어요.

○

3주 학습 • 85

3주 4일

1 나눔과 봉사를 실천하고 있는 사람들의 모습을 보고, 빈칸에 알맞은 말을 쓰세요.

어려운 이웃에게 **연탄** 을 전해 줘요.

구세군 냄비에 **성금** 을 넣어요.

2 다음 그림 속 어린이들을 칭찬하는 말로 알맞은 것에 ○표를 하세요.

❶ 내 친구들은 노래와 춤으로 할아버지, 할머니를 기쁘게 해 드려요. ○

❷ 내 친구들은 할아버지, 할머니의 어깨 를 주물러 드려요.

3 우리가 실천할 수 있는 나눔과 봉사의 방법을 바르게 이야기한 어린이의 이름을 쓰세요.

연수 — 다리를 다친 친구의 가방을 들어 줘요.

창희 — 무거운 물건을 들고 가는 친구를 모른 척해요.

하윤 — 운동장에 떨어진 쓰레기를 보고 그냥 지나쳐요.

(**연수**)

3주 학습 • 87

1 다음 비밀 친구 활동 방법을 읽고 빈칸에 알맞은 말을 보기 에서 찾아 쓰세요.

보기: 쪽지 | 모르게 | 도와줄 | 기간

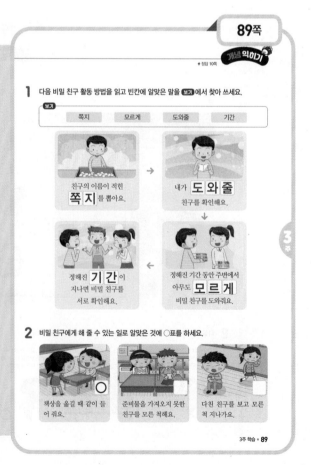

친구의 이름이 적힌 **쪽지** 를 뽑아요. → 내가 **도와줄** 친구를 확인해요.

정해진 기간 동안 주변에서 아무도 **모르게** 비밀 친구를 도와줘요. → 정해진 **기간** 이 지나면 비밀 친구를 서로 확인해요.

2 비밀 친구에게 해 줄 수 있는 일로 알맞은 것에 ○표를 하세요.

책상을 옮길 때 같이 들어 줘요. ○

준비물을 가져오지 못한 친구를 모른 척해요.

다친 친구를 보고 모른 척 지나가요.

3주 학습 • 89

3주 5일

개념 익히기

＋정답 11쪽

1 다음 눈덩이를 굴려라 놀이에서 공격 편에 해당하는 어린이의 이름을 쓰세요.

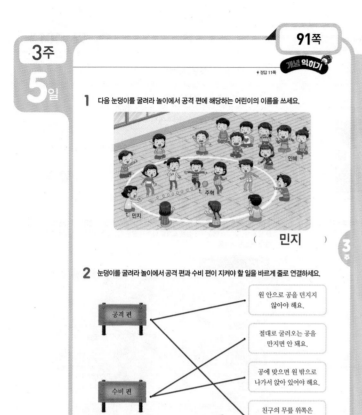

(민지)

2 눈덩이를 굴려라 놀이에서 공격 편과 수비 편이 지켜야 할 일을 바르게 줄로 연결하세요.

공격 편

수비 편

- 원 안으로 공을 던지지 않아야 해요.
- 절대로 굴러오는 공을 만지면 안 돼요.
- 공에 맞으면 원 밖으로 나가서 앉아 있어야 해요.
- 친구의 무릎 위쪽은 맞히지 않아야 해요.

3주 학습 • 91

개념 익히기

＋정답 11쪽

1 비밀 친구에게 줄 편지를 만드는 모습을 보고, 빈칸에 알맞은 말을 쓰세요.

반으로 접은 도화지에 손 모양을 그려서 오리고 펼쳤을 때, 이어지는 손가락이 **하 트** 모양이 되도록 편지를 만들어요.

2 선영이가 비밀 친구를 위해 한 일을 친구들 앞에서 발표하고 있어요. 선영이의 발표 내용으로 알맞은 붙임딱지를 붙여 보세요.

비밀 친구에게 준비물을 빌려줬어요.

3주 학습 • 93

3주

누구나 100점 TEST

＋정답 11쪽

1 다음 어린이가 눈을 관찰하는 방법으로 알맞은 것은 어느 것인가요? (⑤)

① 발로 눈 밟아 보기
② 손으로 눈 뭉쳐 보기
③ 코로 눈 냄새 맡아 보기
④ 눈으로 내리는 눈 살펴보기
⑤ 돋보기로 눈의 결정 살펴보기

2 다음과 같은 겨울 놀이를 할 때 필요한 도구를 보기에서 찾아 쓰세요.

보기

얼레 스키 고글 튜브 수영복 스케이트

(스케이트) (얼레)

3 친구를 배려하는 행동을 하는 어린이에게 ○표를 하세요.

교실 문을 살짝 열고 닫아요.
갑자기 친구 옆에서 크게 소리를 질러요.
복도에서 친구의 앞을 가로막으며 놀아요.

4 눈싸움 놀이를 할 때 주의해야 할 점을 바르게 이야기한 어린이에게 ○표를 하세요.

눈덩이를 상대편 친구의 얼굴에 던지지 않아요. ○

눈덩이를 만들 때 눈 속에 작은 돌멩이를 넣어요.

5 다음과 같은 방법으로 하는 활동은 무엇인지 쓰세요.

▲ 친구의 이름이 적힌 쪽지 뽑기 → ▲ 내가 도와줄 친구 확인하기 → ▲ 정해진 기간 동안 아무도 모르게 친구 돕기 → ▲ 정해진 기간이 지나면 서로의 친구 확인하기

비밀 친구 활동

6 다음 눈덩이를 굴려라 놀이에서 수비 편에 있는 어린이가 지켜야 할 규칙은 어느 것인가요? (②)

① 공을 굴려서 친구를 맞힌다.
② 손으로 공을 만지지 않는다.
③ 원 바깥에 둥그렇게 앉는다.
④ 친구의 무릎 위쪽은 맞히지 않는다.
⑤ 공에 맞으면 그 자리에 앉아 있는다.

3주
창의
융합
코딩

 동지에 대해 알아봐요!

동지는 일 년 중 밤이 가장 길고, 낮이 가장 짧은 날로, 양력 12월 22일에서 23일경입니다. 동지에는 나쁜 기운을 쫓는다는 의미로 집집마다 찹쌀로 만든 단자를 나이 수만큼 넣은 팥죽을 끓여 먹었고, 나라에서는 달력을 만들어 관리들에게 나누어 주었다고 해요.

퀴즈 팡! 일 년 중 밤이 가장 길고 낮이 가장 짧은 날인 동지에 나쁜 기운을 쫓는다는 의미로 집집마다 만들어 먹었던 음식은?

답 **팥죽**

창의
1 다음 겨울 놀이에 연결된 길을 따라가면 도착한 곳에 알맞은 겨울 놀이 도구의 붙임딱지를 붙여 보세요. 붙임딱지 ③

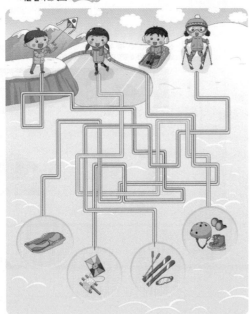

융합
2 다른 사람을 배려하는 행동이면 칭찬 도장을 받고, 배려하지 않는 행동이면 칭찬 도장을 받을 수 없어요. 어린이가 집에 도착할 때까지 받은 칭찬 도장의 개수를 모두 더하면 몇 개인지 쓰세요.

코딩
3 찬영이네 반에서 겨울 모습 작품 전시회가 열렸어요. 코딩 명령에 따라 이동할 때 감상할 수 있는 그림에 모두 ○표를 하세요.

코딩 명령
▶ 출발에서 이동을 시작했을 때
↓ 방향으로 2칸 이동하기
→ 방향으로 2칸 이동하기
↓ 방향으로 1칸 이동하기

코딩 명령 풀이
아래쪽으로 두 칸,
오른쪽으로 두 칸,
다시 아래쪽으로
한 칸 이동해요.

창의
4 다음 그림에서 나눔과 봉사를 실천하고 있는 사람들을 찾아 ○표를 해 보세요.

마무리 학습

신경향 신유형 서술형

마무리 학습
신경향 · 신유형 · 서술형 ①

+ 정답 13쪽

1 유찬이와 친구들이 두더지 잡기 놀이를 하고 있어요. 각각의 질문에 알맞은 답이 적혀 있는 두더지를 찾아 ○표를 하세요.

우리나라의 전통 옷은?
사리 · 한복 · 기모노 · 킬트 · 치파오

우리나라의 전통 음식은?
타코 · 햄버거 · 피자 · 초밥 · 비빔밥

우리나라의 전통 집은?
아파트 · 이글루 · 기와집 · 게르 · 동굴집

우리나라를 상징하는 꽃은?
벚꽃 · 무궁화 · 목련 · 장미 · 개나리

2 다음 빈칸에 공통으로 들어갈 말을 그림 속에 숨어 있는 자음자와 모음자를 모아 써 보세요.

· 남한과 북한이 서로 하나가 되어 같은 나라가 되는 것을 ☐이라고 해요.
· 남한과 북한이 서로 자유롭게 오고 가기 위해서는 ☐이 되어야 해요.
· ☐이 되면 기차를 타고 북한을 지나 유럽까지 갈 수 있어요.

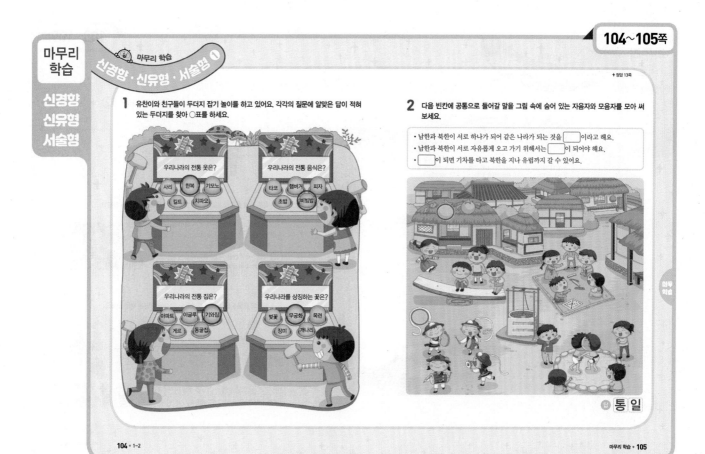

답 **통일**

104 · 1~2

마무리 학습 · 105

마무리 학습

신경향 신유형 서술형

마무리 학습
신경향 · 신유형 · 서술형 ②

3 겨울철 날씨에 따른 생활 모습을 그린 그림을 보고, 어울리지 않는 부분을 찾아 ○표 시를 한 후 바르게 고쳐 쓰세요.

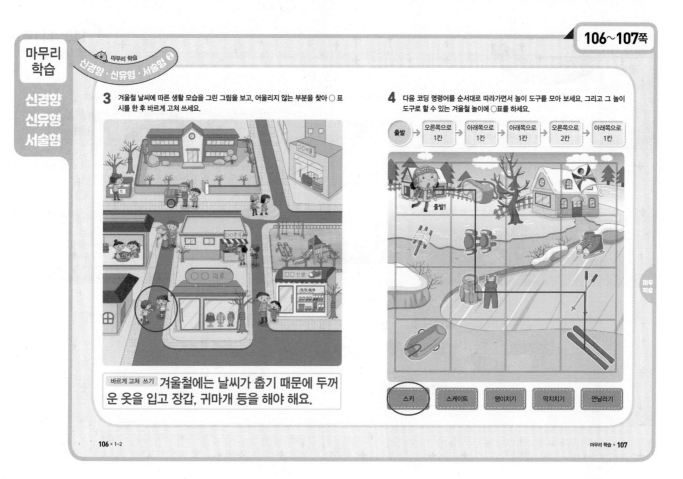

바르게 고쳐 쓰기 **겨울철에는 날씨가 춥기 때문에 두꺼운 옷을 입고 장갑, 귀마개 등을 해야 해요.**

4 다음 코딩 명령어를 순서대로 따라가면서 놀이 도구를 모아 보세요. 그리고 그 놀이 도구로 할 수 있는 겨울철 놀이에 ○표를 하세요.

출발 → 오른쪽으로 1칸 → 아래쪽으로 1칸 → 아래쪽으로 1칸 → 오른쪽으로 2칸 → 아래쪽으로 1칸

출발!

스키 · 스케이트 · 팽이치기 · 딱지치기 · 연날리기

106 · 1~2

마무리 학습 · 107

정답 · **13**

정답

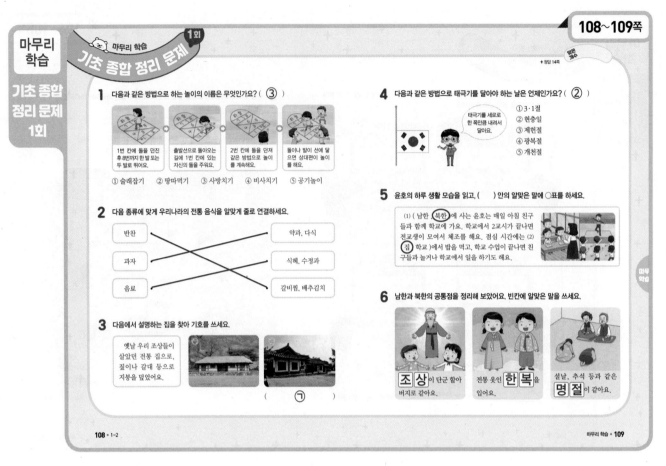

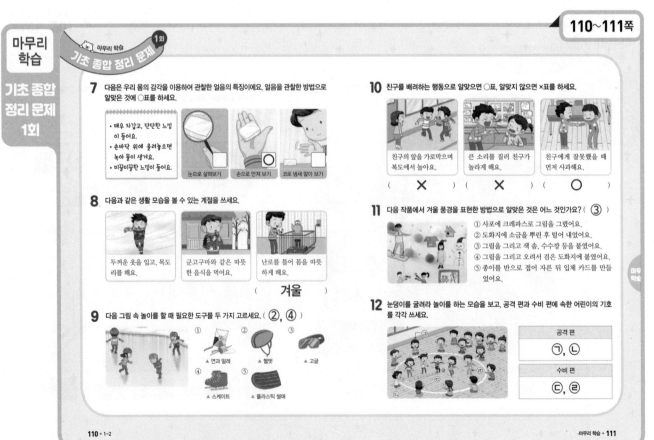

마무리 학습

기초 종합 정리 문제 2회

마무리 학습

기초 종합 정리 문제 2회

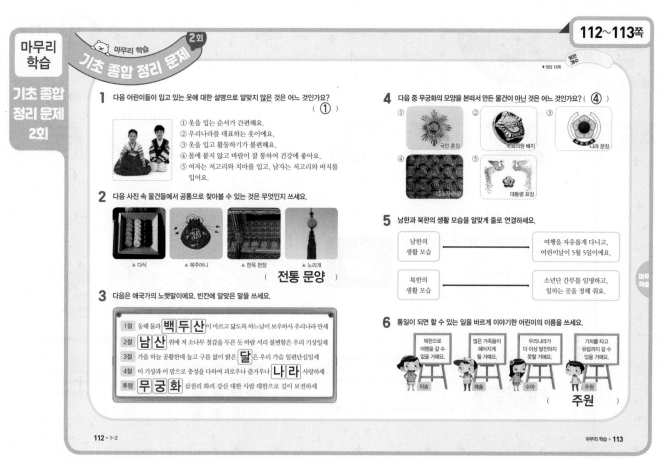

1 다음 어린이들이 입고 있는 옷에 대한 설명으로 알맞지 않은 것은 어느 것인가요? (①)

① 옷을 입는 순서가 간편해요.
② 우리나라를 대표하는 옷이에요.
③ 옷을 입고 활동하기가 불편해요.
④ 몸에 붙지 않고 바람이 잘 통하여 건강에 좋아요.
⑤ 여자는 저고리와 치마를 입고, 남자는 저고리와 바지를 입어요.

2 다음 사진 속 물건들에서 공통으로 찾아볼 수 있는 것은 무엇인지 쓰세요.

▲ 다식   ▲ 복주머니   ▲ 한옥 천장   ▲ 노리개

(전통 문양)

3 다음은 애국가의 노랫말이에요. 빈칸에 알맞은 말을 쓰세요.

1절 동해 물과 **백두산**이 마르고 닳도록 하느님이 보우하사 우리나라 만세
2절 **남산** 위에 저 소나무 철갑을 두른 듯 바람 서리 불변함은 우리 기상일세
3절 가을 하늘 공활한데 높고 구름 없이 밝은 **달**은 우리 가슴 일편단심일세
4절 이 기상과 이 맘으로 충성을 다하여 괴로우나 즐거우나 **나라** 사랑하세
후렴 **무궁화** 삼천리 화려 강산 대한 사람 대한으로 길이 보전하세

4 다음 중 무궁화의 모양을 본떠서 만든 물건이 아닌 것은 어느 것인가요? (④)

① 국민 훈장
② 국회의원 배지
③ 나라 문장
④
⑤ 대통령 표장

5 남한과 북한의 생활 모습을 알맞게 줄로 연결하세요.

남한의 생활 모습 ——————— 여행을 자유롭게 다니고, 어린이날이 5월 5일이에요.

북한의 생활 모습 ——————— 소년단 간부를 임명하고, 일하는 곳을 정해 줘요.

6 통일이 되면 할 수 있는 일을 바르게 이야기한 어린이의 이름을 쓰세요.

북한으로 여행을 갈 수 없을 거예요. 이솔
많은 가족이 헤어지게 될 거예요. 해솔
우리나라가 더 이상 발전하지 못할 거예요. 수아
기차를 타고 유럽까지 갈 수 있을 거예요. 주원

(**주원**)

마무리 학습

기초 종합 정리 문제 2회

마무리 학습

기초 종합 정리 문제 2회

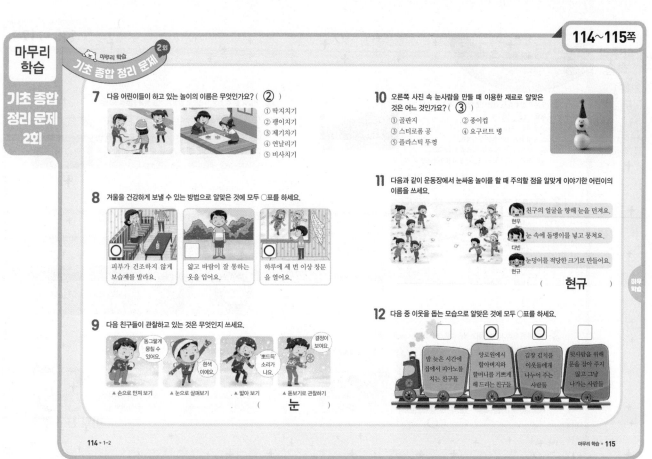

7 다음 어린이들이 하고 있는 놀이의 이름은 무엇인가요? (②)

① 딱지치기
② 팽이치기
③ 제기차기
④ 연날리기
⑤ 비사치기

8 겨울을 건강하게 보낼 수 있는 방법으로 알맞은 것에 모두 ○표를 하세요.

○ 피부가 건조하지 않게 보습제를 발라요.
□ 얇고 바람이 잘 통하는 옷을 입어요.
○ 하루에 세 번 이상 창문을 열어요.

9 다음 친구들이 관찰하고 있는 것은 무엇인지 쓰세요.

동그랗게 뭉칠 수 있어요.
흰색이에요.
뽀드득 소리가 나요.
결정이 보여요.

▲ 손으로 만져 보기   ▲ 눈으로 살펴보기   ▲ 발아 보기   ▲ 돋보기로 관찰하기

(**눈**)

10 오른쪽 사진 속 눈사람을 만들 때 이용한 재료로 알맞은 것은 어느 것인가요? (③)

① 골판지 공
② 종이컵
③ 스티로폼 공
④ 요구르트 병
⑤ 플라스틱 뚜껑

11 다음과 같이 운동장에서 눈싸움 놀이를 할 때 주의할 점을 알맞게 이야기한 어린이의 이름을 쓰세요.

친구의 얼굴을 향해 눈을 던져요. 현우
눈 속에 돌멩이를 넣고 뭉쳐요. 다빈
눈덩이를 적당한 크기로 만들어요. 현규

(**현규**)

12 다음 중 이웃을 돕는 모습으로 알맞은 것에 모두 ○표를 하세요.

□ 밤 늦은 시간에 집에서 피아노를 치는 친구들
○ 양로원에서 할아버지와 할머니를 기쁘게 해 드리는 친구들
○ 김장 김치를 이웃들에게 나누어 주는 사람들
□ 뒷사람을 위해 문을 잡아 주지 않고 그냥 나가는 사람들

마무리
학습

학력 진단
TEST
1회

마무리 학습

학력 진단 TEST 1회

+ 정답 16쪽

1 다음 중 어린이들이 술래잡기 놀이를 하는 모습을 찾아 기호를 쓰세요.

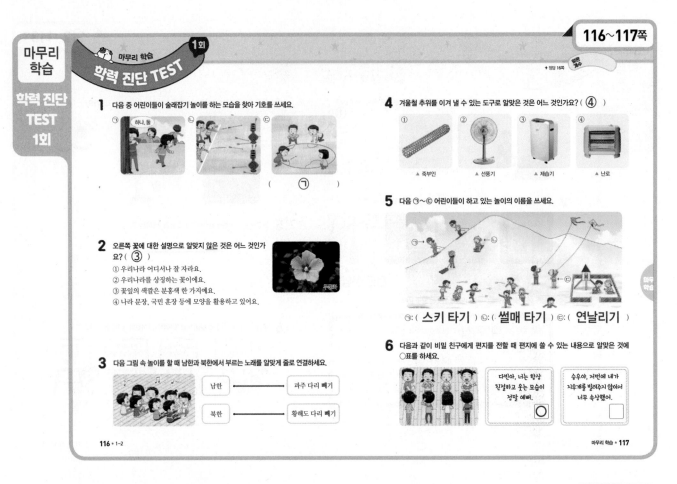

㉠ 하나, 둘

(㉠)

2 오른쪽 꽃에 대한 설명으로 알맞지 않은 것은 어느 것인가요? (③)
① 우리나라 어디서나 잘 자라요.
② 우리나라를 상징하는 꽃이에요.
③ 꽃잎의 색깔은 분홍색 한 가지예요.
④ 나라 문장, 국민 훈장 등에 모양을 활용하고 있어요.

무궁화

3 다음 그림 속 놀이를 할 때 남한과 북한에서 부르는 노래를 알맞게 줄로 연결하세요.

남한 ——— 파주 다리 빼기
북한 ——— 황해도 다리 빼기

4 겨울철 추위를 이겨 낼 수 있는 도구로 알맞은 것은 어느 것인가요? (④)
① 죽부인 ② 선풍기 ③ 제습기 ④ 난로

5 다음 ㉠~㉢ 어린이들이 하고 있는 놀이의 이름을 쓰세요.

㉠: (스키 타기) ㉡: (썰매 타기) ㉢: (연날리기)

6 다음과 같이 비밀 친구에게 편지를 전할 때 편지에 쓸 수 있는 내용으로 알맞은 것에 ○표를 하세요.

다빈아, 너는 항상 친절하고 웃는 모습이 정말 예뻐. ○

승우야, 저번에 네가 지우개를 빌려주지 않아서 너무 속상했어.

마무리
학습

학력 진단
TEST
2회

마무리 학습

학력 진단 TEST 2회

+ 정답 16쪽

1 오른쪽 집에 대한 설명으로 알맞은 것을 두 가지 고르세요. (②, ④)
① 초가집이에요.
② 우리 조상들이 살던 집이에요.
③ 시멘트, 유리, 돌 등의 재료로 지었어요.
④ 마루와 처마가 있어 여름철에 시원하게 지낼 수 있어요.

2 태극기의 각 부분에 담긴 의미를 알맞게 줄로 연결하세요.

4괘 ——— 음과 양의 조화
태극 ——— 하늘, 땅, 물, 불
흰색 바탕 ——— 밝음과 순수, 평화를 사랑하는 우리의 민족성

3 통일이 된 우리나라에서 하고 싶은 것을 그린 작품에 ○표를 하세요.

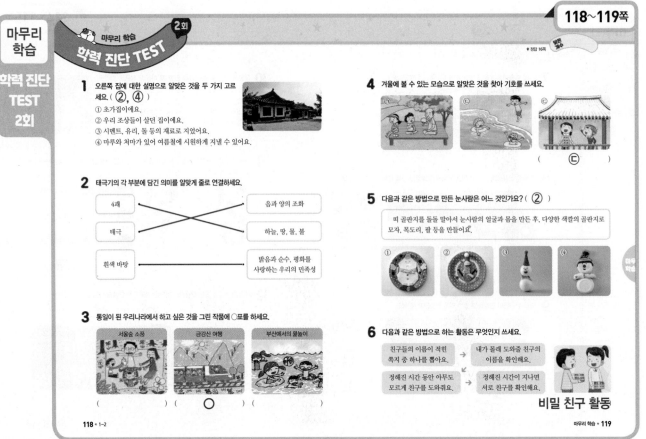

서울숲 소풍 금강산 여행 ○ 부산에서의 물놀이

( ) (○) ( )

4 겨울에 볼 수 있는 모습으로 알맞은 것을 찾아 기호를 쓰세요.

(㉢)

5 다음과 같은 방법으로 만든 눈사람은 어느 것인가요? (②)

띠 골판지를 돌돌 말아서 눈사람의 얼굴과 몸을 만든 후, 다양한 색깔의 골판지로 모자, 목도리, 팔 등을 만들어요.

① ② ③ ④

6 다음과 같은 방법으로 하는 활동은 무엇인지 쓰세요.

친구들의 이름이 적힌 쪽지 중 하나를 뽑아요. → 내가 몰래 도와줄 친구의 이름을 확인해요.

정해진 시간 동안 아무도 모르게 친구를 도와줘요. → 정해진 시간이 지나면 서로 친구를 확인해요.

비밀 친구 활동

활동
꾸러미

바른 생활
슬기로운 생활
즐거운 생활

1-2

차례

남자

바지 입고
허리띠 매기

저고리 입고
고름 매기

버선 신고
대님 매기

마고자 입기

조끼 입기

대님 매는 방법

 →  → 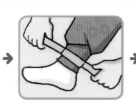 →

한복 입는 방법

여자

속바지와
속치마 입기

버선 신기

치마 입기

저고리 입고
고름 매기

속저고리 입기

옷고름 매는 방법

 →  →  →

카드 위쪽의 구멍을 뚫고 묶어서 사용하세요.

한복

김치

도자기

기와집

김치

소금에 절인 배추나 무 등을 고춧가루,
파, 마늘 등의 양념에 버무린 음식이에요.
예 우리나라의 대표적인 전통 음식에는
김치, 비빔밥, 불고기 등이 있어요.

한복

韓	服
한국 **한**	옷 **복**

우리나라의 고유한 옷을 말해요.
예 **한복**을 입을 때 여자는 저고리와 치마
를, 남자는 저고리와 바지를 입어요.

기와집

기와로 지붕을 만든 집을 말해요.
예 우리 조상들이 살던 **기와집**과 초가집
은 흙, 나무, 돌, 종이 등 주변에서 쉽게
구할 수 있는 재료들로 만들었어요.

도자기

陶	瓷	器
질그릇 **도**	오지그릇 **자**	그릇 **기**

흙으로 모양을 만들어 높은 온도에서
구워 낸 그릇을 말해요.
예 우리나라 **도자기**에는 연꽃 넝쿨이나
난초, 용 등의 무늬가 있어요.

카드 위쪽의 구멍을 뚫고 묶어서 사용하세요.

문양

태극기

애국가

동해 물과 백두산이~

무궁화

태극기

太	極	旗
클 **태**	지극할 **극**	깃발 **기**

우리나라를 상징하는 국기로, 흰색 바탕에 가운데의 태극 문양과 네 모서리의 건곤감리 4괘로 구성되어 있어요.
◉ 국경일과 기념일, 조의를 표하는 날 등에는 **태극기**를 달아요.

문양

文	樣
글월 **문**	모양 **양**

점이나 선, 색채를 도형과 같이 나타낸 것을 말해요.
◉ 다식, 복주머니, 한옥 천장, 노리개 등에서 우리나라의 전통 **문양**을 살펴볼 수 있어요.

무궁화

無	窮	花
없을 **무**	다할 **궁**	꽃 **화**

우리나라를 상징하는 꽃으로, '영원히 피고 또 피어서 지지 않는 꽃'이라는 뜻을 담고 있어요.
◉ **무궁화**는 우리나라 어디서나 잘 자라고 우리 민족의 근면한 면과 닮았어요.

애국가

愛	國	歌
사랑 **애**	나라 **국**	노래 **가**

우리나라를 나타내는 노래로, '나라를 사랑하는 노래'라는 뜻을 담고 있어요.
◉ **애국가**를 부를 때에는 태극기를 바라보고 바른 자세로 서서 불러요.

○ 카드 위쪽의 구멍을 뚫고 묶어서 사용하세요.

민족

한반도

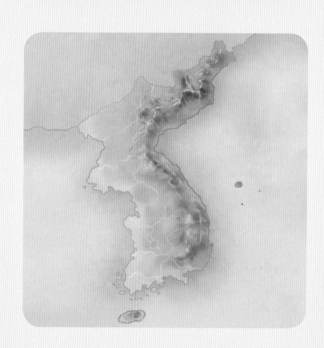

통일

겨울

▶ 점선을 따라 오려 쓰세요.

한반도

韓	半	島
한국 **한**	반 **반**	섬 **도**

삼면이 바다로 둘러싸이고 한 면은 육지에 이어진 우리나라의 땅 모양을 이르는 말이에요.

예 남한과 북한은 예로부터 **한반도**에 자리 잡고 살아왔어요.

민족

民	族
백성 **민**	겨레 **족**

한 지역에 오랜 세월 동안 함께 살면서 같은 언어, 풍습, 문화, 역사를 가지게 된 공동체를 말해요.

예 남한과 북한은 오랜 역사를 함께한 같은 **민족**이에요.

겨울

한 해의 네 가지 계절 중 낮이 짧고 추운 계절을 말해요.

예 **겨울**이 되면 날씨가 무척 춥고 바람이 심하게 불기도 해요.

통일

統	一
거느릴 **통**	하나 **일**

나누어진 것들을 합쳐서 하나로 모이게 하는 것을 말해요.

예 남한과 북한이 **통일**이 되면 헤어진 가족이 다시 함께 살 수 있을 거예요.

카드 위쪽의 구멍을 뚫고 묶어서 사용하세요.

얼음

딱지

가습기

감기

딱지

두꺼운 종이 두 장을 네모나게 접어 만든 놀이 도구를 말해요.
㉆ **딱지**를 칠 때에는 옆 모퉁이를 비스듬히 내리치거나 위에서 힘껏 내리치면 잘 넘어가요.

얼음

물이 얼어서 굳어진 물질을 말해요.
㉆ 추운 겨울에는 처마 밑, 길이나 도로, 호수, 나뭇가지 등에서 꽁꽁 얼어 있는 **얼음**을 볼 수 있어요.

감기

感	氣
느낄 **감**	기운 **기**

열이 나고 머리가 아프며, 콧물, 기침이 나거나 목이 붓는 등의 증상이 나타나는 병을 말해요.
㉆ 겨울에는 날씨가 춥고 건조해 **감기**에 걸리기 쉬워요.

가습기

加	濕	器
더할 **가**	축축할 **습**	그릇 **기**

수증기를 발생시켜 실내의 습도를 조절하는 전기 기구예요.
㉆ 방 안의 공기가 건조해지지 않도록 **가습기**를 틀어 놓았어요.

카드 위쪽의 구멍을 뚫고 묶어서 사용하세요.

눈 결정

종이접기

얼레

배려

종이접기

종이를 접어서 학, 배, 비행기 등의 모양을 만드는 일이에요.
㉖ **종이접기**를 이용하여 눈사람을 만들 수 있어요.

눈 결정

눈 안의 작은 조각들이 이루고 있는 규칙적인 형태를 말해요.
㉖ **눈 결정**은 육각 모양, 별 모양 등 다양한 형태가 있어요.

배려

配	慮
나눌 **배**	생각할 **려**

도와주거나 보살펴 주려고 마음을 쓰는 것이에요.
㉖ 뒷사람을 위해 문을 잡아 주는 것은 상대방을 위한 **배려**가 담긴 행동이에요.

얼레

연줄이나 낚싯줄 등을 감는 데 쓰는 기구예요.
㉖ 연날리기를 할 때 **얼레**를 돌려 연줄을 풀면 연이 하늘 높이 날아올라요.

카드 위쪽의 구멍을 뚫고 묶어서 사용하세요.

얼음낚시

봉사

성금

비밀 친구

봉사

奉	仕
받들 **봉**	섬길 **사**

나라나 사회 또는 남을 위하여 자신을 돌보지 않고 힘을 바쳐 애쓰는 것이에요.
㉠ 매주 주말마다 쓰레기 줍기 **봉사** 활동을 해요.

얼음낚시

겨울에 강이나 저수지의 얼음을 깨고 하는 낚시질을 말해요.
㉠ 겨울이 되면 마을 저수지에서는 **얼음낚시**를 하는 사람들을 볼 수 있어요.

비밀 친구

상대방에게 자신이 누구인지 숨긴 채로 편지나 선물을 주거나 도움을 주는 친구예요.
㉠ 정해진 기간 동안 자기가 **비밀 친구**라는 것을 들키지 않고 친구에게 도움을 주어야 해요.

성금

誠	金
정성 **성**	쇠 **금**

어려운 사람이나 사회적인 사업을 돕기 위해 정성으로 내는 돈이에요.
㉠ 어려운 이웃을 돕기 위한 **성금**을 모았어요.

🐶 핵심 카드

> ◌ 카드 위쪽의 구멍을 뚫고 묶어서 사용하세요.

1 우리나라의 전통 놀이

 **땅따먹기** 자기 집에서 망을 튕겨 지나간 자리대로 금을 그어 ❶ [ ]을 차지하는 놀이

 **술래잡기** 여럿 가운데 한 친구가 ❷ [ ][ ]가 되어 숨은 친구들을 찾아내는 놀이

 **사방치기** 땅 위에 그림을 그리고, 일정한 순서에 따라 돌을 던지고 주우며 노는 놀이

정답 ❶ 땅 ❷ 술래

2 우리나라의 전통 옷, 한복

종류	여자는 저고리와 ❶ [ ][ ]를 입고, 남자는 저고리와 바지를 입음.
좋은 점	몸에 붙지 않고 ❷ [ ][ ]이 잘 통하여 건강에 좋음.
불편한 점	옷을 입는 순서가 복잡하고, 세탁하거나 활동하기가 불편함.

정답 ❶ 치마 ❷ 바람

3 우리나라의 전통 음식

❶ [ ]	된장국 / 미역국
반찬	배추김치 / 불고기
❷ [ ][ ]	약과 / 다식
음료	식혜 / 수정과

정답 ❶ 국 ❷ 후식(간식)

4 우리나라의 전통 집

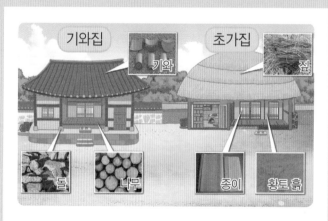

기와집 초가집
기와 짚
돌 나무 종이 황토 흙

- **종류**: 기와로 지붕을 올린 기와집, 짚이나 갈대로 지붕을 올린 ❶ [ ][ ][ ] 등이 있습니다.
- **특징**: 주변에서 쉽게 구할 수 있는 돌, 나무, 황토 흙, 종이 등의 재료들로 만들었습니다.
- **우수성**: ❷ [ ][ ]을 이용해 난방과 밥 짓기를 동시에 할 수 있어 에너지를 절약할 수 있습니다.

정답 ❶ 초가집 ❷ 온돌

② 우리나라의 전통 옷, 한복

✚ 다음 생각 그물의 빈칸에 알맞은 말을 쓰세요.

뜻 우리 나라를 대표하는 고유의 옷임.

종류 여자는 저고리와 치마를 입고, 남자는 저고리와 ❶ [　　　]를 입음.

한복

좋은 점 몸에 붙지 않고 바람이 잘 통하여 건강에 좋음.

불편한 점 옷을 입는 ❷ [　　　]가 복잡하고, 활동하기가 불편함.

정답 ❶ 바지 ❷ 순서

① 우리나라의 전통 놀이

✚ 다음 친구들이 놀이하는 모습을 보고, 놀이의 이름을 쓰세요.

㉠	㉡	㉢
❶	술래잡기	❷

정답 ❶ 사방치기 ❷ 윷놀이하기

④ 우리나라의 전통 집

✚ 다음 사진을 보고, 빈칸에 알맞은 말을 쓰세요.

기와로 지붕을 올린 ❶ [　　　]이에요.

주변에서 쉽게 구할 수 있는 ❷ [　　　], 종이 등의 재료들로 만들었어요.

정답 ❶ 기와집 ❷ 흙, 나무

③ 우리나라의 전통 음식

✚ 다음에서 소개하는 우리의 전통 음식을 쓰세요.

❶ [　　　]

소금에 절인 배추나 무 등을 고춧가루 등의 양념에 버무린 음식이에요.

❷ [　　　]

쇠고기 등을 양념하여 담아 두었다가 불에 구운 음식으로, 밥, 면, 빵 등과 함께 먹으면 좋아요.

정답 ❶ 김치 ❷ 불고기

![강아지 캐릭터] **핵심 카드**

◌ 카드 위쪽의 구멍을 뚫고 묶어서 사용하세요.

5 우리나라의 전통 문양

우리 주변에서 볼 수 있는 전통 문양

❶ ☐☐   복주머니   한옥 천장   노리개

문양을 색칠하여 장식품(족자) 만들기

❷ ☐☐ 색칠하기 → 문양을 오려 색도화지에 붙이기 → 색도화지 위아래에 수수깡 붙이기 → 수수깡에 실을 매어 전시하기

정답 ❶ 다식 ❷ 곰방

6 우리나라 국기, 태극기

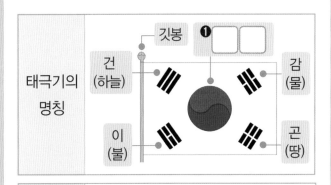

태극기의 명칭	깃봉 ❶ ☐☐ / 건(하늘) / 감(물) / 이(불) / 곤(땅)
태극기 다는 날	3·1절, 현충일, 제헌절, 광복절, 국군의 날, 개천절, 한글날 등
태극기 다는 방법	• 국경일 및 기념일·평일: 깃봉과 깃대 사이를 떼지 않고 닮. • ❷ ☐☐☐ 등 슬픈 날: 태극기를 한 폭(세로)만큼 내려 닮.

정답 ❶ 태극 ❷ 현충일

7 우리나라 노래, 애국가

동해 물과 백두산이~

애국가 노랫말 (일부)	**1절** 동해 물과 백두산이 마르고 닳도록 하느님이 보우하사 우리나라 만세 **후렴** ❶ ☐☐☐ 삼천리 화려 강산 대한 사람 대한으로 길이 보전하세
애국가를 부를 때의 태도	• ❷ ☐☐☐ 를 바라보며 부름. • 바른 자세로 서서 부름. • 노랫말을 정확하게 알고 부름.

정답 ❶ 무궁화 ❷ 태극기

8 우리나라 꽃, 무궁화

• 생김새: 꽃잎은 ❶ ☐ 장이고 한가운데 커다란 꽃술이 있으며, 꽃잎의 색깔은 분홍색, 하얀색, 보라색 등으로 다양합니다.
• 무궁화가 우리나라를 상징하는 꽃이 된 이유: 우리나라 어디서나 잘 자라고 우리 민족의 ❷ ☐☐ 한 면과 닮았기 때문입니다.

정답 ❶ 5 ❷ 끈기

▶ 봄여름 가을겨울 봄 예슬이

6 우리나라 국기, 태극기

✛ 다음은 태극기를 다는 방법이에요. 빈칸에 알맞은 말을 쓰세요.

국경일 및 기념일·평일	현충일 등 슬픈 날
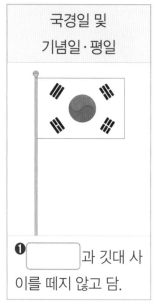	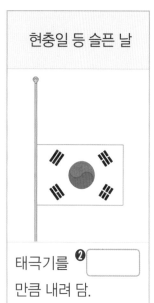
❶□□□과 깃대 사이를 떼지 않고 닮.	태극기를 ❷□□□만큼 내려 닮.

정답 ❶ 깃봉 ❷ 길이(세로)

5 우리나라의 전통 문양

✛ 다음 그림을 보고, 빈칸에 알맞은 말을 쓰세요.

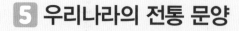

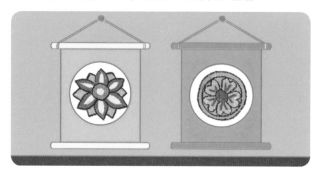

전통 ❶□□□을 이용하여 장식품을 만들었어요.

위와 같은 무늬는 다식, 복주머니, ❷□□□ 등에서 볼 수 있어요.

정답 ❶ 문양 ❷ 떡살(에)

8 우리나라 꽃, 무궁화

✛ 다음 꽃에 대한 설명을 읽고, 빈칸에 알맞은 말을 쓰세요.

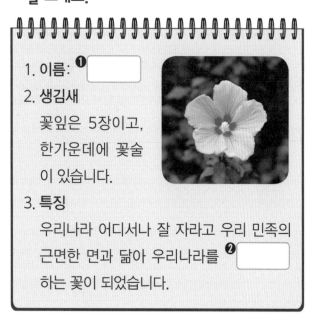

1. 이름: ❶□□□
2. 생김새
   꽃잎은 5장이고, 한가운데에 꽃술이 있습니다.
3. 특징
   우리나라 어디서나 잘 자라고 우리 민족의 근면한 면과 닮아 우리나라를 ❷□□□하는 꽃이 되었습니다.

정답 ❶ 무궁화 ❷ 상징

7 우리나라 노래, 애국가

✛ 다음 애국가를 부를 때의 태도를 보고, 빈칸에 알맞은 말을 쓰세요.

태극기를 바라보며 불러요.

❶□□□ 자세로 서서 불러요.

❷□□□을 정확하게 알고 불러요.

정답 ❶ 바른 ❷ 노랫말

핵심 카드

○ 카드 위쪽의 구멍을 뚫고 묶어서 사용하세요.

9 남한과 북한의 생활 모습

남한의 생활 모습

어린이날이
5월 5일임.

학급 회장을
우리가 뽑음.

❶ ☐☐☐
일하는 곳을 찾음.

북한의 생활 모습

어린이를 위한
날이 두 번 있음.

소년단 간부를
❷ ☐☐ 함.

일하는 곳을
정해 줌.

정답 ❶ 직업 ❷ 임명

10 다리 빼기 놀이하기

• 다리 빼기 놀이는 여럿이 서로 마주 보고 앉아 다리를 번갈아 편 다음, 노래에 맞추어 다리를 세면서 노는 놀이입니다.

• 남한 어린이들은 '❶☐☐ 다리 빼기', 북한 어린이들은 '❷☐☐☐ 다리 빼기' 노래에 맞추어 다리 빼기 놀이를 합니다.

정답 ❶ 꼬마 ❷ 돌았네

11 남한과 북한이 같은 민족인 이유

❶ ☐☐ 이 단군
할아버지로 같음.

연날리기, 태권도 등
풍습이 같음.

한글을 사용함.

❷ ☐☐ 를 먹는
등 문화가 같음.

정답 ❶ 조상 ❷ 김치

12 통일이 되면 할 수 있는 일

기차를 타고 북한을 지나 유럽까지 갈 수 있음.

북한으로 ❶ ☐☐ 도 갈 수 있음.

헤어진 ❷ ☐☐ 이 다시 함께 살 수 있음.

우리나라가 더욱 발전할 수 있음.

정답 ❶ 여행 ❷ 가족

10 다리 빼기 놀이하기

✚ 다음 친구들의 대화를 읽고, 빈칸에 알맞은 말을 쓰세요.

얘들아, 우리 ❶ ▢ 놀이하자.

그래, 좋아. 어떤 방법으로 하는 거야?

서로 마주 앉아 다리를 번갈아 편 다음, 노래에 맞추어 다리를 세다가 노랫말 끝말에 짚은 다리를 접는 거야.

파주 다리 빼기 노래에 맞춰서 할 거야. ❷ ▢ 어린이들은 황해도 다리 빼기 노래에 맞춰서 한대.

9 남한과 북한의 생활 모습

✚ 남한과 북한의 생활 모습을 알맞게 줄로 연결할 때 빈칸에 알맞은 말을 쓰세요.

❶ ▢ 의 생활 모습

❷ ▢ 의 생활 모습

어린이날이 5월 5일이고, 학급 회장을 우리가 뽑아요.

어린이를 위한 날이 두 번 있고, 소년단 간부를 임명해요.

12 통일이 되면 할 수 있는 일

✚ 다음 글의 빈칸에 알맞은 말을 쓰세요.

땅 위로 가는 유럽

우리나라가 ❶ ▢ 이 된다면 가족과 함께 ❷ ▢ 를 타고 북한을 지나 유럽까지 여행을 떠나고 싶다.

11 남한과 북한이 같은 민족인 이유

✚ 다음은 남한과 북한이 같은 민족인 이유를 정리한 것이에요. 빈칸에 알맞은 말을 쓰세요.

조상
단군
할아버지로 같음.

문자
❶ ▢ 을 사용함.

풍습
연날리기,
❷ ▢ 등을 함.

문화
한복을 입고,
김치를 먹음.

핵심 카드

카드 위쪽의 구멍을 뚫고 묶어서 사용하세요.

13 얼음 관찰하기

❶[ ]으로 살펴본 얼음	일정한 모양이 있으며, 겉은 투명하지만 속은 하얀색임.
손으로 만져 본 얼음	매우 차갑고 단단하며, 손바닥 위에 올려놓으면 녹아 물이 생김.
코로 냄새를 맡아 본 얼음	아무런 ❷[ ][ ]가 나지 않음.

정답 ❶ 눈 ❷ 냄새

14 겨울 놀이 도구 만들기

종이 두 장을 접어 만든 ❶[ ][ ]

색종이 3장을 이용하여 만든 팽이

재활용 시디와 유리구슬로 만든 ❷[ ][ ]

골판지 띠와 면봉으로 만든 팽이

정답 ❶ 딱지 ❷ 팽이

15 겨울철 날씨와 생활 모습

- **겨울철 날씨의 특징**: 매우 춥고 땅이 얼기도 하며, 몹시 ❶[ ][ ]합니다.
- **겨울철 사람들의 생활 모습**: 두꺼운 옷 입기, 장갑이나 목도리를 하고 부츠 신기, ❷[ ][ ]나 온풍기 사용하기, 제설함 설치하기, 김장하기, 가습기 틀기, 보습제 바르기 등

정답 ❶ 건조 ❷ 난로

16 겨울철 건강 문제와 건강 수칙

겨울철 건강 문제	❶[ ][ ]에 걸리기 쉽고, 피부가 건조해지며 운동을 자주 하지 못함.
겨울을 건강하게 보낼 수 있는 방법	• 밖에 나갈 때 옷을 따뜻하게 입기 • 하루에 세 번 이상 ❷[ ][ ] 열기 • 물을 자주 마시고 보습제 바르기 • 밖에 나가서 즐겁게 뛰어놀기

정답 ❶ 감기 ❷ 창문

14 겨울 놀이 도구 만들기

✦ 다음 사다리를 타고 내려가 빈칸에 알맞은 재료를 쓰세요.

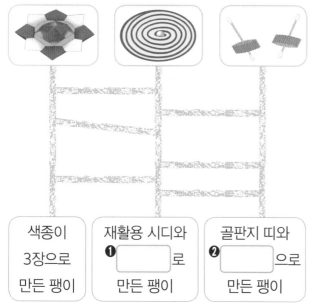

| 색종이 3장으로 만든 팽이 | 재활용 시디와 ❶ [ ]로 만든 팽이 | 골판지 띠와 ❷ [ ]으로 만든 팽이 |

정답 ❶ 쌓기나무 ❷ 구슬

13 얼음 관찰하기

✦ 우리 몸의 감각을 이용하여 관찰한 얼음의 특징을 읽고, 빈칸에 알맞은 말을 쓰세요.

> 눈으로 살펴본 얼음
> 일정한 모양이 있으며, 겉은 ❶ [ ]하지만 속은 하얀색임.

> 코로 냄새를 맡아 본 얼음
> 아무런 냄새가 나지 않음.

> 손으로 살펴본 얼음
> 매우 차갑고 단단하며, 손바닥 위에 올려놓으면 녹아 ❷ [ ]이 생김.

정답 ❶ 투명 ❷ 물

16 겨울철 건강 문제와 건강 수칙

✦ 겨울을 건강하게 보낼 수 있는 방법을 읽고, 빈칸에 알맞은 말을 쓰세요.

옷을 ❶ [ ]하게 입어요.

하루에 세 번 이상 창문을 열어요.

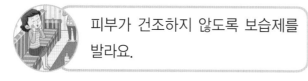
❷ [ ]을 자주 마셔요.

피부가 건조하지 않도록 보습제를 발라요.

정답 ❶ 따뜻(이) ❷ 물

15 겨울철 날씨와 생활 모습

✦ 다음 코딩 명령을 따라 내려가 빈칸에 알맞은 생활 도구를 쓰세요.

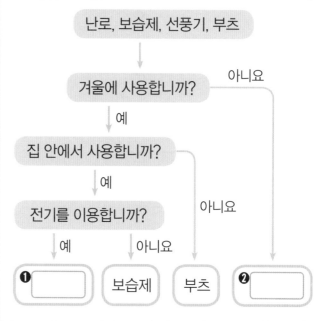

난로, 보습제, 선풍기, 부츠

겨울에 사용합니까? → 아니요
예 ↓

집 안에서 사용합니까?
예 ↓ 아니요 →

전기를 이용합니까?
예 ↓ 아니요 ↓

| ❶ [ ] | 보습제 | 부츠 | ❷ [ ] |

정답 ❶ 난로 ❷ 선풍기

:::: 카드 위쪽의 구멍을 뚫고 묶어서 사용하세요.

17 눈 관찰하기

눈을 ❶[ ]으로 뭉쳐서 만져 보기

내리는 눈을 ❷[ ]으로 살펴보기

내린 눈을 발로 밟아 보기

눈을 돋보기로 자세히 관찰하기

정답 ❶ 손 ❷ 눈

18 겨울에 하는 놀이

겨울 놀이	연날리기	스케이트 타기
필요한 도구	연과 ❶[ ][ ]	스케이트, 장갑, 헬멧, 무릎 보호대
겨울 놀이	썰매 타기	스키 타기
필요한 도구	나무 썰매와 스틱, 플라스틱 썰매	스키, 스키 폴, 스키복, ❷[ ][ ]

정답 ❶ 얼레 ❷ 헬멧, 고글

19 눈사람 만들기

색종이로 얼굴, 몸, 모자, 장갑 등을 접어 만들기

크기가 다른 두 개의 스티로폼 ❶[ ]으로 만들기

다양한 색깔의 골판지로 얼굴, 몸, 목도리 등을 만들기

플라스틱 뚜껑, 못쓰는 ❷[ ][ ]로 만들기

정답 ❶ 공 ❷ 양말들

20 다른 사람을 배려하는 행동

- 교실 문은 살짝 열고 닫습니다.
- 지나가는 친구가 불편하지 않도록 가방을 잠급니다.
- 친구에게 잘못한 일이 있으면 ❶[ ][ ]합니다.
- 목이 마른 친구와 ❷[ ]을 나누어 마십니다.
- 친구가 사물함을 사용하고 있으면 기다렸다가 사용합니다.

정답 ❶ 사과 ❷ 물

18 겨울에 하는 놀이

✛ 다음 생각 그물의 빈칸에 알맞은 말을 쓰세요.

❶ [ ]	스케이트 타기
연과 얼레	스케이트, 장갑, 헬멧, 무릎 보호대 등

겨울에 하는 놀이와 도구

썰매 타기	❷ [ ] 타기
플라스틱 썰매, 나무 썰매와 스틱 등	스키, 스키 폴, 스키복, 고글, 장갑 등

정답 ❶ 팽이치기 ❷ 스키

17 눈 관찰하기

✛ 다음 어린이가 눈을 살펴보는 모습을 보고, 빈칸에 알맞은 말을 쓰세요.

눈을 손으로 뭉쳐서 만져 보아요.

내린 눈을 ❶ [   ]로 밟아 보아요.

눈의 결정을 ❷ [   ]로 자세히 살펴보아요.

정답 ❶ 발 ❷ 돋보기

20 다른 사람을 배려하는 행동

✛ 교실에서 친구들을 배려하는 행동을 보고, 빈칸에 알맞은 말을 보기 에서 찾아 쓰세요.

보기
먼저   나누어   모른 척   기다렸다가

다른 친구가 사물함을 사용하고 있으면 ❶ [   ] 사용하고, 목이 마른 친구가 있으면 내가 가져온 물을 ❷ [   ] 줍니다.

정답 ❶ 기다렸다가 ❷ 나누어

19 눈사람 만들기

✛ 다음 사다리를 타고 내려가 각각의 눈사람을 만들 때 사용한 재료를 빈칸에 쓰세요.

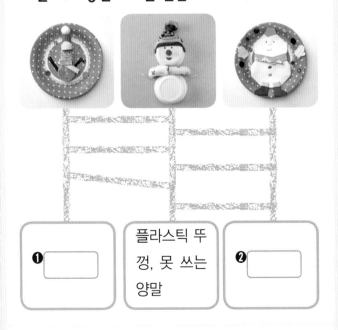

❶ [ ]	플라스틱 뚜껑, 못 쓰는 양말	❷ [ ]

정답 ❶ 단추 ❷ 색종이

핵심 카드

○ 카드 위쪽의 구멍을 뚫고 묶어서 사용하세요.

21 겨울 모습 그리기

얼음낚시

크레파스와 물감을 이용해 그림.

스키장에서

❶ ☐☐ 에 크레파스로 그림.

눈 오는 날

그림을 그리고 오려서 ❷ ☐☐ 도화지에 붙임.

겨울 풍경

그림을 그리고, 그 위에 색 솜, 수수깡 등을 붙임.

정답 ❶ 설산 ❷ 검은

22 나눔과 봉사 실천하기

김장 ❶ ☐☐ 를 나누어 줌.

❷ ☐☐☐ 냄비에 성금을 넣음.

양로원에 찾아가 할아버지, 할머니를 기쁘게 해 드림.

생활이 어려운 이웃에게 연탄이나 생활용품을 전해 줌.

정답 ❶ 김치 ❷ 구세군

23 비밀 친구 도와주기

비밀 친구 활동 방법

친구의 이름이 적힌 쪽지 뽑기 → 내가 도와줄 친구 확인하기 → 정해진 기간 동안 아무도 모르게 ❶ ☐☐ 를 도와주기 → 정해진 기간이 지나면 비밀 친구를 확인하기

비밀 친구를 도와주는 방법

아픈 친구 보건실 데려가기

❷ ☐☐☐ 빌려주기

친구의 자리 청소해 주기

정답 ❶ 친구 ❷ 준비물

24 눈덩이를 굴려라 놀이

공격 편

• 원 바깥에 앉아 공을 ❶ ☐☐☐ 수비 편을 맞힘.
• 공을 던지면 안 됨.

수비 편

• 원 안에 들어가 굴러오는 공을 피함.
• 절대로 ❷ ☐ 을 만지면 안 됨.

정답 ❶ 굴려서 ❷ 공

22 나눔과 봉사 실천하기

✚ 다음은 우리 주변에서 나눔과 봉사를 실천하는 사람들이에요. 빈칸에 알맞은 말을 쓰세요.

이웃에게 김장 김치를 나누어 주는 사람	구세군 냄비에 성금을 넣는 사람
❶ [ ]에 찾아가 어르신들을 기쁘게 해 주는 사람	생활이 어려운 이웃에게 ❷ [ ]을 전해 주는 사람

정답 ❶ 요양원 ❷ 이 김장, 사랑의 봉투

21 겨울 모습 그리기

✚ 다음 어린이가 겨울 모습을 표현한 그림을 보고, 빈칸에 알맞은 말을 쓰세요.

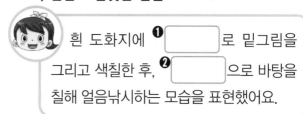

흰 도화지에 ❶ [ ]로 밑그림을 그리고 색칠한 후, ❷ [ ]으로 바탕을 칠해 얼음낚시하는 모습을 표현했어요.

정답 ❶ 크레파스 ❷ 물감

24 눈덩이를 굴려라 놀이

✚ 눈덩이를 굴려라 놀이를 하는 모습을 보고, 빈칸에 알맞은 말을 쓰세요.

공격 편은 ❶ [ ]에 둥그렇게 앉은 다음, 공을 굴려서 수비 편을 맞혀요.

❷ [ ]에 들어가 있는 수비 편은 굴러오는 공을 피해요.

정답 ❶ 바깥쪽 ❷ 안쪽

23 비밀 친구 도와주기

✚ 다음 대화를 읽고, 빈칸에 알맞은 말을 쓰세요.

 비밀 친구에게 해 주고 싶은 일을 이야기해 볼까요?

학교에서 친구가 몸이 아플 때에는 ❶ [ ]에 데려다줄 거예요.

친구가 준비물을 안 가져왔으면 제 것을 빌려줄 거예요.

친구의 자리를 깨끗하게 ❷ [ ] 해 줄 거예요.

정답 ❶ 보건실 ❷ 청소

한복 입히기 ①

✦ 마음에 드는 한복을 골라 어린이에게 예쁘게 입혀 보세요.

✦ '자랑스러운 우리나라'라는 주제로 칸마다 알맞은 제목을 적고, 신문이나 잡지 등에서 우리나라를 대표할 수 있는 사진을 찾아 붙인 후 글을 채워 병풍 책을 만들어 보세요.

········· 안으로 접는 선   ─·─·─ 밖으로 접는 선

▶ 접선선을 따라 접어서 뜯어 쓰세요.

31

제목을 쓰세요.

훈민정음

제목과 관련된 사진을 붙이세요.

제목과 관련된 내용을 쓰세요.

한글날은 세종대왕이 훈민정음을 반포한 것을 기념하는 날로 매년 10월 9일이다. 세종대왕이 백성들이 쉽고 편안하게 사용할 수 있는 문자를 만든 것은 우리나라의 자랑스러운 일이다.

✚ 다음 놀이 방법에 따라 종이 딱지 놀이를 해 보세요.

놀이 방법 친구와 딱지를 나누어 가진 후, 각자 한 장씩 내밀어 별의 개수가 더 많은 사람이 상대방의 딱지를 가지고 가요. 단, 별의 개수가 같을 경우 딱지를 바닥에 내려놓고, 다음 순서에 이긴 사람이 가져가요.

점선을 따라 접어서 뜯어 쓰세요.

오뚝이 눈사람 만들기

✦ 다음 제시된 방법에 따라 오뚝이 눈사람을 만들어 보세요.

만드는 방법 ❶ 받침대를 반으로 접어요. → ❸ 여러 가지 소품을 ❷ 눈사람 모양에 붙여 꾸며요. → 다 꾸민 눈사람을 반으로 접은 ❶ 받침대의 앞면에 붙여요. → 오뚝이 눈사람 완성!

❶ 받침대

—·—·— 밖으로 접는 선

❷ 눈사람

❸ 소품

여섯 줄로 접어 정인서 따라 잘라 주세요.

본문 8~9쪽

본문 15쪽

본문 17쪽

본문 21쪽

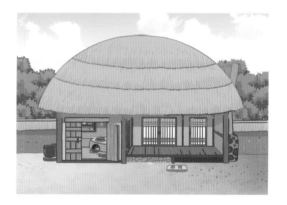

본문 25쪽

본문 34쪽

본문 40~41쪽

   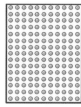

제 설 함

본문 51쪽

본문 57쪽

본문 59쪽

본문 61쪽

본문 69쪽

본문 72~73쪽

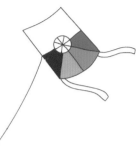

본문 75쪽

본문 81쪽

본문 85쪽

본문 93쪽

비밀 친구에게
준비물을
빌려줬어요.

비밀 친구의
자리를 청소해
주었어요.

본문 98쪽

스케줄표
붙임딱지

★ 하루 학습이 끝나면 스케줄표에 붙여 보세요!

1주

좋아요	잘했어	멋있어	훌륭해	놀라워	뿌듯해
1일	2일	3일	4일	5일	특강

2주

좋아요	잘했어	멋있어	훌륭해	놀라워	뿌듯해
1일	2일	3일	4일	5일	특강

3주

좋아요	잘했어	멋있어	훌륭해	놀라워	뿌듯해
1일	2일	3일	4일	5일	특강

마무리 학습

좋아요	잘했어	멋있어	훌륭해	놀라워	뿌듯해

★ 필요한 곳에 붙여 보세요!

좋아요	잘했어	멋있어	훌륭해	놀라워	뿌듯해

좋아요	잘했어	멋있어	훌륭해	놀라워	뿌듯해